スポーツを愛するすべての人に——

スポーツ医学検定
公式テキスト
2級・3級
改訂版

一般社団法人 日本スポーツ医学検定機構 ［著］

TOYOKAN

はじめに

　東京2020オリンピック・パラリンピックに向け、日本が一つになる時が近づいています。社会に大きなインパクトを与え、そして変革をもたらすスポーツ。1993年に開幕したサッカーのJリーグ、2016年に開幕したバスケットボールのBリーグ、2019年に日本で開催されるラグビーワールドカップ——。そして、人々に希望や感動を与え、挑戦することの素晴らしさを教えてくれるスポーツ選手。メジャーリーグのイチロー選手、テニスの錦織圭選手、レスリングの伊調馨選手、プロ野球の大谷翔平選手——。スポーツがもつ可能性は無限大であり、東京2020オリンピック・パラリンピックがどのようなイノベーションをもたらすのか、大きな期待がかかります。

　しかし、スポーツでは時にケガや故障に悩まされ、失望や挫折といった言葉と遭遇することも少なくありません。良い結果が出ない、競技から離脱する、引退を余儀なくされる——。人生という長い目で見れば、競技ができず、外からスポーツを「見る」ことも一つの「学び」かもしれません。しかし、防げるケガは防ぎたいものです。また、ケガをしても適切に復帰したいものです。逆にケガを恐れすぎて、適切なトレーニングや練習ができないのも問題です。スポーツ現場で生じるさまざまなケガや故障——野球の投球で肘が痛い、水泳で腰が痛い、バスケットボールで足首を捻挫した、ラグビーで頭をぶつけた、暑い日の練習で気分が悪い——。チームにメディカルの専門家がいれば安心ですが、そのような環境で競技できる選手やチームはごくわずかです。また、自己管理が重要だと言われますが、身体やケガのことを学ぶ機会は、はたしてあったでしょうか。

　そこで私たちは、専門家が持っているスポーツ医学の知識を、スポーツに関わる皆さんに届けたいと考えました。特にスポーツ指導者や部活の顧問、学生トレーナーやマネージャー、成長期スポーツ選手の保護者、そして何よりスポーツ選手自身に、身体やケガの知識を届けたいと考えています。高い競技力は単に練習量の多さではなく、安全なスポーツ環境でよく練られた練

習と指導のもと生まれます。そして、安全なスポーツ環境は、指導者や選手自身により作られます。「医学」という言葉に壁を感じる必要はありません。「スポーツ医学」は皆さんにとって、最も「身近な医学」なのです。

　「スポーツ医学検定」の理念には医学の専門家のみでなく、室伏広治さん（ハンマー投げ）、谷川真理さん（マラソン）、中竹竜二さん（ラグビー）、成田真由美さん（パラリンピック水泳）など、スポーツと長く携わってきた方々にも賛同して頂きました。2017年5月に始まるこの取り組みが、東京2020オリンピック・パラリンピックのレガシーの一つとなること、より安全な環境でスポーツを楽しめる社会に変革すること、それが私たちの目標です。

　スポーツに関わる皆さまが、「スポーツ医学」の扉を開き、生涯を通じてより長く、より深くスポーツと関わっていただけることを願っています。

平成28年12月11日
一般社団法人日本スポーツ医学検定機構代表理事
日本体育協会公認スポーツドクター
整形外科専門医・医学博士

大関信武

改訂版 刊行にあたって

　私がスポーツ医学検定公式テキスト初版の序文を書いたのは2016年冬のことでした。2017年の第１回スポーツ医学検定から６回を開催し、これまでに約5000人の方が受検してくれました。当時はまだ先のことに思えた2020東京オリンピック・パラリンピックはもう目の前です。この間、スポーツの価値は何なのか、そしてスポーツとは何なのかを問うニュースが数多く見受けられました。歴史的なイベントであるこの大会が、日本にとって、そして世界にとってスポーツの価値を再認識させ、新たな価値をもたらしてくれることを願います。

　スポーツは基本的に楽しいからやるものです。しかし、スポーツを楽しむためにもっておくべき考え方や知識があります。それは「スポーツマンシップ」の考えであり、「スポーツの安全に関する知識」です。スポーツの安全に関する知識は日々、進歩します。今回、さらに内容を充実させたテキストの改訂版を刊行できることを大変嬉しく思うと同時に、その責任の大きさを感じます。本検定を通じて、皆さんがスポーツの安全に関するリテラシーを向上させると同時に、スポーツ医学を学ぶことを楽しんでいただければ幸いです。そしてスポーツ医学の輪をさらに広めていきましょう。

　多くの「楽しみ」や「喜び」をもたらしてくれるスポーツが、スポーツをする人、教える人、支える人、観る人、みなにとってその価値を保ち続けてくれることを願います。

令和２年３月31日
一般社団法人日本スポーツ医学検定機構代表理事
整形外科医師・医学博士

大関信武

目　次

D章　アスリハの知識

E章　スポーツ医学全般の知識

練習問題

よく使う用語の解説

　身体やケガ・故障の説明では、耳慣れない言葉も多い。ここでは、本書でよく出てくる用語を解説する。

スポーツ外傷、スポーツ障害
一般的に、一度の外力で受傷するケガはスポーツ外傷、繰り返す負荷による故障はスポーツ障害と表現される。

受傷機転 <small>じゅしょうきてん</small>
ケガ・故障のきっかけや原因のこと。

可動域（ROM: Range of motion）
関節の動く範囲のこと。可動域訓練（ROM 訓練、ROM エクササイズ）は、関節の可動域を改善させるリハビリテーションのこと。

タイトネス
筋肉の柔軟性が不良となっている状態のこと。一般的には身体が硬いと表現される。

拘縮 <small>こうしゅく</small>
ケガ・故障の受傷後やギプス固定後などに、関節の可動域が狭くなること。五十肩のように、外傷なく拘縮が生じることもある。

コンディション
筋肉や関節、身体の動作、精神面などを含めた全身の状態のこと。コンディションを整えることをコンディショニングと呼ぶ。

インピンジメント

身体の組織と組織が衝突すること。肩を挙上した際に肩の筋肉が肩甲骨の骨と衝突する状態などがある。

徒手検査

関節などを動かして不安定性の有無などを調べる検査。医師や理学療法士らによって行われる。

単純 X 線検査（レントゲン検査）

X 線（放射線の一種）を用いて行う検査。骨を調べるのに有用。軟骨・筋肉・靭帯・腱などは写らない。

CT 検査

X 線を使用して身体の断層を撮影する検査。骨・頭部・内臓の検査に有用。

MRI 検査

磁気の力を用いて、靭帯・筋肉・軟骨・頭部・内臓などの断層を調べる検査。放射線被ばくはない。

超音波検査

超音波を用いて、筋肉・内臓などを調べる検査。肘の軟骨病変も描出でき、野球肘検診でも使用される。放射線被ばくはない。

保存治療

手術以外の治療を総称して保存治療と呼ぶ。骨折時のギプス固定、薬の内服や注射、リハビリテーションなどが相当する。

整復

骨折してずれた骨や、脱臼してずれた関節を元の（元に近い）状態に戻すこと。

ケガ・故障の目次（部位別・上半身）

ケガ・故障の目次（部位別・下半身）

全身の骨格　正面

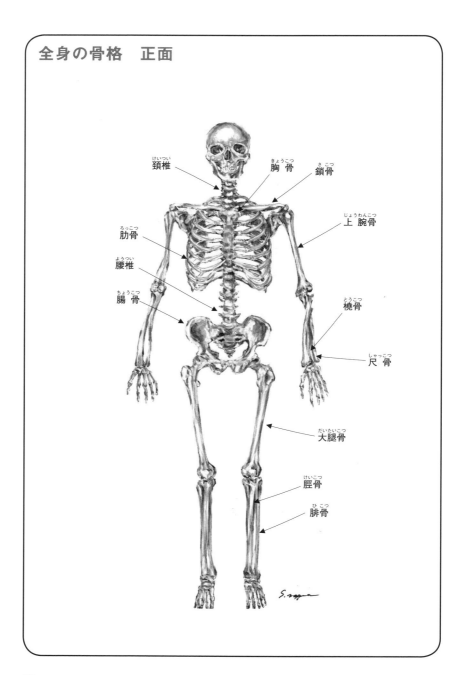

頚椎（けいつい）
胸骨（きょうこつ）
鎖骨（さこつ）
上腕骨（じょうわんこつ）
肋骨（ろっこつ）
腰椎（ようつい）
腸骨（ちょうこつ）
橈骨（とうこつ）
尺骨（しゃっこつ）
大腿骨（だいたいこつ）
脛骨（けいこつ）
腓骨（ひこつ）

全身の骨格　背面

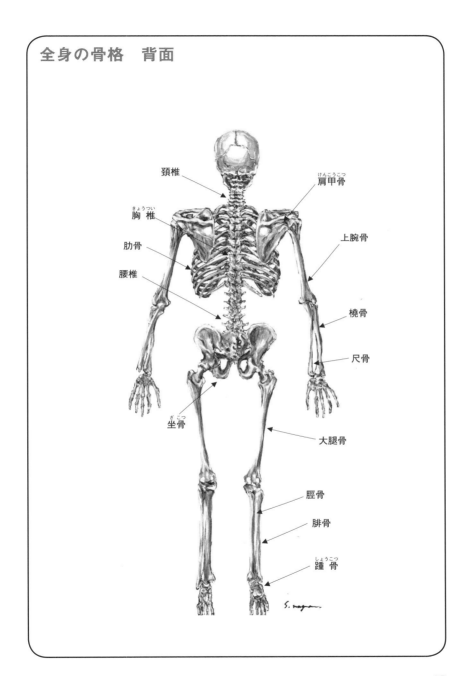

頚椎

胸椎
きょうつい

肋骨

腰椎

肩甲骨
けんこうこつ

上腕骨

橈骨

尺骨

坐骨
ざこつ

大腿骨

脛骨

腓骨

踵骨
しょうこつ

S. naga.

全身の筋肉　正面

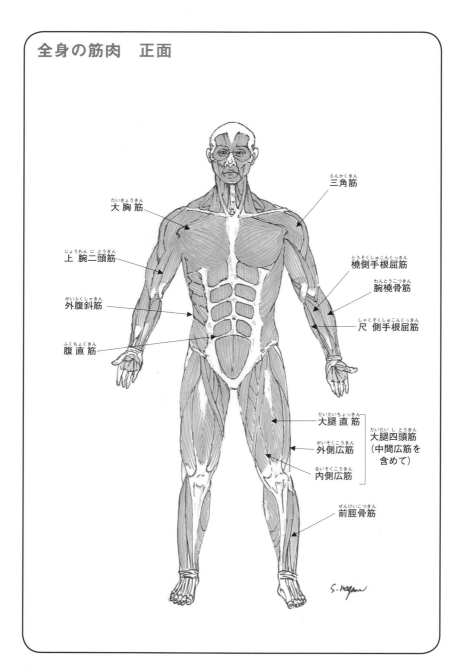

三角筋（さんかくきん）

大胸筋（だいきょうきん）

上腕二頭筋（じょうわんにとうきん）

橈側手根屈筋（とうそくしゅこんくっきん）

腕橈骨筋（わんとうこつきん）

外腹斜筋（がいふくしゃきん）

尺側手根屈筋（しゃくそくしゅこんくっきん）

腹直筋（ふくちょくきん）

大腿直筋（だいたいちょっきん）

外側広筋（がいそくこうきん）

内側広筋（ないそくこうきん）

大腿四頭筋（だいたいしとうきん）
（中間広筋を
含めて）

前脛骨筋（ぜんけいこつきん）

S. nagani

全身の筋肉　背面

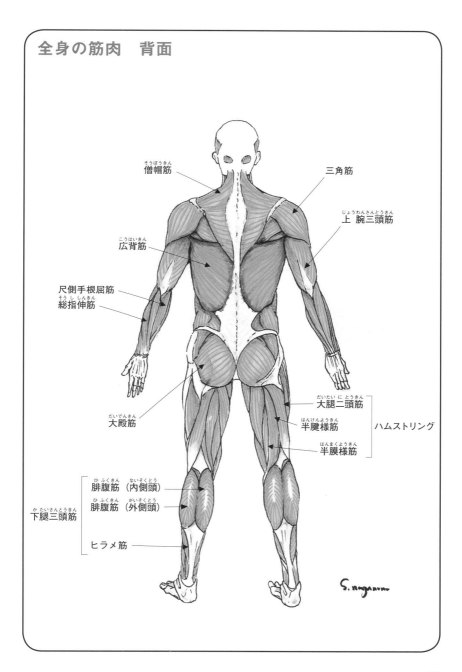

僧帽筋
（そうぼうきん）

三角筋

上腕三頭筋
（じょうわんさんとうきん）

広背筋
（こうはいきん）

尺側手根屈筋
総指伸筋
（そうししんきん）

大殿筋
（だいでんきん）

大腿二頭筋
（だいたいにとうきん）

半腱様筋
（はんけんようきん）

半膜様筋
（はんまくようきん）

ハムストリング

腓腹筋（内側頭）
（ひふくきん）（ないそくとう）

腓腹筋（外側頭）
（ひふくきん）（がいそくとう）

下腿三頭筋
（かたいさんとうきん）

ヒラメ筋

S. Nagakuro

痛みが出るストーリーを考えて治療する

成長期の投球動作による肩の痛みについて、プロ野球選手の診察も数多く行っている肩のスーパードクター・山﨑哲也先生にお話を伺いました。

—— 成長期の投球動作で生じる肩の痛みの特徴を教えて下さい。

山﨑　成長期には肩より肘を痛いという選手の方が多いですね。肩を痛がる選手の一番の特徴は、トップポジションから加速させるときに肩の側面の痛みを訴えることです。ある一球で痛くなるより、徐々に痛みが出てくることが多いです。

—— 診察はどのようにされますか。

山﨑　成長期の肩の痛みでは、圧痛点（押しての痛み）が明確なことが多く、本人の痛みの部位を正確にとらえることから始めます。その圧痛点が、上腕骨近位の骨端線部に相当することが多いですね。検査は単純レントゲン撮影を両肩に行い、比較します。

—— リトルリーガーズショルダー（上腕骨骨端線離開）と診断した場合、どのように治療されますか。

山﨑　基本的には痛みの出る動作を中止させることで良くなっていきます。ですので、バッティングで痛みが出ないならそれは許可します。ただ、保護者あるいは指導者の方に一緒にきてもらい、痛みの出る動作をしないようにしっかり守ってもらうことが大切です。また、こういった慢性的な障害は、何か原因があって痛みが出てきます。つまり、痛みの出るストーリーがあります。その原因をつきとめるのがわれわれの仕事で、それに対してリハビリテーションでアプローチをします。どうして痛みがでるストレスが慢性的に加わり続けたのか、それをわれわれが推察し、その「どうして」の部分を治していくのが大切です。

—— その治すべき「どうして」とはどういった所にありますか。投球フォームを治しますか。

山﨑　子供の場合、投球フォームを治すのはなかなか難しいですね。大切な点は肩甲骨の機能低下と肩のタイトネス（硬さ）、この二つの改善です。

—— それでは、投球数の制限については、どう思われますか。

山﨑　投球数の制限というのは現場目線では難しい点もあります。重要なのは、障害をおこす予備軍の子供たちをいかに指導者が発見できるかということです。肩や肘が痛いと訴える前に、子供たちのサインを見つけられるかです。そのためには肩甲骨の機能と肩のタイトネス、これをチェックする必要があります。本人、家族、指導者が、痛みが出る前の身体の不具合をチェックするシステムを作ることができればよいと考えます。

—— どうも有り難うございました

山﨑哲也　横浜南共済病院スポーツ整形外科部長、横浜DeNAベイスターズチームドクター、関東学院大学ラグビー部チームドクター、一般社団法人日本スポーツ医学検定機構顧問

スポーツの知識

スポーツの基礎知識

運動を通して競い合うスポーツは、楽しいから行うものである。そしてスポーツがもつ潔さ、純粋さ、美しさは、時に観る人や国民に感動や勇気を与えることになる。しかし、スポーツに関連する不祥事が取りざたされることもある。スポーツに関わる人はスポーツとは何なのかを再考する機会を持ちたい。

スポーツとは

sport（スポーツ）の語源はラテン語の deportare（デポルターレ：「運搬する、その場から離れる」）であり、日常生活の規範や束縛から離れる「気晴らし」から転じて「楽しみ」「遊び」などを意味するようになったとされる。スポーツはイギリスなどの富裕層が親しんだ「狩猟」や「登山」に源流があり、19世紀以降、欧米で競い合うことを楽しむ競技である近代スポーツが形作られた。現在、多様な背景や意味合いを持つことになったスポーツだが、その根本は楽しむことにある。また、スポーツには体力増進や競技力向上など身体的な成長を促す要素が含まれているが、勝利を目指して努力する喜び、向上心、自立と規律、他者との関わりなど人間的成長を促す要素も多い。

スポーツと体育、部活動

日本には明治時代に欧米のスポーツが紹介され、1878年札幌農学校で初めて行われたスポーツイベントは「遊戯会」と訳された。体育 (physical education) とは運動を通して行われる教育的営みであり、自発的に楽しみや健康を求めて競技するスポーツとは本来異なるものだが、本邦では同等のものと混同されてきた。

中学や高校の部活動とは、自発的・自主的に行う教育課程外の学校教育活動である。

スポーツの指導

　スポーツの競技力向上に、スポーツ指導者（コーチ）の影響は大きい。コーチ（coach）という言葉は、最初に四輪馬車が造られたハンガリーの街Kocs に由来し、（人や荷物を）馬車で運ぶという意味から転じて、プレーヤーが目標とする望むところに送り届けてあげる役割として捉えられる。コーチは競技力向上の先にある勝利のみでなく、スポーツを通じて得られる人間的成長をプレーヤーにもたらせるよう、サポートする存在である。

スポーツマンシップ（スポーツパーソンシップ）

　スポーツを楽しむには、ルールや対戦相手が必要である。『コーチのためのスポーツモラル』（金子藤吉 1961年）によると、スポーツマンシップをひと言でいえば「尊重すること」であると紹介されており、中でもスポーツがゲームとして成立するために必要な「プレーヤー」「ルール」「審判」を自らが判断して尊重することが大切と述べられている。スポーツを通じて社会で必要とされる様々な能力や精神が身に付き、優れた人格が形成されるのは、スポーツマンシップの精神を持つことにより、自分との戦いに克って成長し、自分を磨き続けることができるからである。

スポーツマンシップ

「尊重すること」

ルール

プレーヤー

審判

スポーツインテグリティ

　スポーツインテグリティとは、スポーツがさまざまな脅威により欠けることなく、価値ある状態であることを指す。脅威とは、暴力・ハラスメント、試合の不正操作、八百長、人種差別、ガバナンスの欠如、ドーピング、贈収賄などであり、インテグリティ（integrity）は高潔性、健全性、品位などと訳される。スポーツには「生きる楽しさ」や「喜び」などのポジティブなエネルギーがあり、時に大きな感動や勇気を呼び起こす。スポーツの価値を維持するためにも、スポーツ界が一丸となってインテグリティを重視することが大切である。

古代オリンピック

　4年に1度開催されるオリンピックは、2016年にブラジルのリオデジャネイロで開催され、200を超える国が参加した。オリンピックの起源は、近代オリンピックのはるか昔、約2800年前に古代ギリシャのオリンピア地方で行われていた競技祭にさかのぼる。優勝者にはオリーブの王冠が与えられた。競技祭の開催時は戦争が休止されたが、1200年にわたって4年に1度続けられた古代オリンピックも、数々の戦乱のため、393年に幕を閉じた。

近代オリンピック

　近代オリンピックは、フランスのクーベルタンにより生み出され、1896年ギリシャのアテネで第1回の競技大会が開催され、水泳、陸上競技、フェンシング、射撃、自転車、体操、テニス、ウェイトリフティング、レスリングの9競技43種目が行われた。聖火リレーは1936年ベルリン大会から始まった。五輪のマークは五つの大陸の団結を表しているが、それぞれの輪の色が個別の大陸を意味しているわけではない。

A．ルール、プレーヤー、審判

日本のオリンピックへの参加

日本のオリンピックへの参加は、柔道の創始者でもある嘉納治五郎（かのうじごろう）が1909年に IOC 委員となって尽力し、1912年のストックホルム大会（スウェーデン）で、日本は初のオリンピック参加を果たした。また、1940年には夏の東京大会、冬の札幌大会の開催権を獲得していたが、戦争のため、幻の大会となった。1940年代替地となったヘルシンキ大会、1944年ロンドン大会ともに、第二次世界大戦のため開催されなかった。

パラリンピック

パラリンピックの起源は1948年にイギリスのストーク・マンデビル病院で行われた脊髄損傷後のリハビリテーションで行われていたスポーツの競技会である。第１回パラリンピック大会は、1960年ローマで開催された。パラリンピックの名称は、「Olympic（オリンピック）」と対麻痺（両下肢の麻痺）という意味の「paraplegia」との造語であったが、現在は「parallel（もう一つの、平行）」との造語として「もうひとつのオリンピック」として位置付けられている。1964年東京大会では、車椅子使用者だけでなく、多くの障がい者に門戸を広げて実施されたが、この形式は継承されず、次に車いす以外の障がい者が参加できるようになったのは、1976年トロント大会からである。同年、第１回冬季パラリンピックがスウェーデンで開催されたが、2000年のシドニーオリンピックの際に、オリンピック開催都市でのパラリンピック開催が義務化されることとなった。

また、パラリンピックに含まれない聴覚障害者のオリンピックとして、デフリンピックが４年に一度行われている。

Q.　日本初のオリンピック委員を務め、柔道のみでなく日本のスポーツの発展に尽力した人物は誰か。

冬季オリンピックとは

　冬季オリンピックは、1924年に**フランス**のシャモニーで第1回大会が開かれ、スキー、スケート、アイスホッケー、ボブスレー、カーリング、ミリタリーパトロール（バイアスロンの前身）が行われた。冬季オリンピックも4年に1度、夏季オリンピックの中間の年に開催される。日本での冬季オリンピックは1972年に**札幌**、1998年に**長野**で開催された。

東京2020大会

　正式名称：第32回オリンピック競技大会（2020／東京）
　開催期間：2020年7月24日（金）〜8月9日（日）
　正式名称：東京2020パラリンピック競技大会
　開催期間：2020年8月25日（火）〜9月6日（日）

「スポーツには世界と未来を変える力がある」

　2020年の**東京**大会は、「すべての人が自己ベストを目指し（全員が自己ベスト）」、「一人ひとりがお互いを助け合い（多様性と調和）」、「そして、未来につなげよう（未来への継承）」を3つの基本コンセプトとしている。**1964**年の東京1964大会は戦後日本が国際社会の中心に復帰する契機となり、新幹線の開通や首都高速道路など、経済的・社会的な発展にも寄与した。それから半世紀以上を経て成熟国家となった日本が、世界にポジティブな改革をもたらし、それらをレガシーとして未来へ継承する。

　　A.　嘉納治五郎

相撲・柔道について

　相撲は千数百年前に始まり、江戸時代に今のような形になったとされる。大相撲は、1年に6回本場所が開催される（1月、5月、9月：東京、3月：大阪、7月：名古屋、11月：福岡）。各場所は15日間あり、一番勝数が多い力士が優勝となる。最高位から順に、横綱、大関、関脇、小結、前頭と続く。

　柔道は、日本古来の投げる、絞める、打つ、蹴るなどの技を用いて相手と戦う方法であった「柔術」を、明治時代に嘉納治五郎が人間形成を目指す「柔道」へと昇華させた。オリンピックでは、1964年東京大会から正式競技となった。柔道衣の色は、現在白色と青色が採用されている。2012年から、中学校の体育で武道とダンスが必修となり、武道は柔道や剣道などから選択する。

健康とスポーツ

　2019年に文科省が行った「スポーツの実施状況等に関する世論調査」では、成人の週1日以上のスポーツ実施率は55.1%であり、2年前と比較して約5%上昇していた。実施した種目はウォーキングがトップであり、ほかにトレーニング、体操、ランニング、サイクリングが上位であった。スポーツを通じた健康増進を図るには、スポーツに参画する人を増やす必要がある。また、1年間に、直接現地でスポーツ観戦を行った人は26.8%、スポーツに関するボランティアに参加した割合は10.6%であった。

Q. パラリンピックという呼称は、現在「もう一つのオリンピック」として解釈されているが、この「パラ」は英語の何という単語から取ったものか。

一問一答 003
A.　parallel（パラレル；平行）

身体の知識

運動器の基礎知識

運動器は、身体の運動に関係する骨、筋肉、軟骨、靭帯、神経などの総称である。脳からの指令が脊髄を通り末梢神経に伝わり、筋肉を収縮させることで関節運動が生じ、身体は動く。それぞれが連携して働くため、どこか一つの調子が悪くても身体はうまく動かない。

神経とは

大脳からの運動の指令は、脊髄、そして末梢神経を通して、筋肉に伝えられる。脳や脊髄は中枢神経とも呼ばれ、これらの障害は運動に大きな影響を及ぼす。脳は運動のみでなく、言葉、感情、思考など、人が人であるための重要な機能を担っている。首にある脊髄は頚髄と呼ばれる。

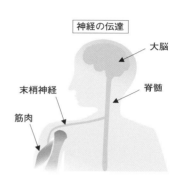

神経の伝達

大脳
末梢神経
脊髄
筋肉

筋肉とは

大脳からの指令は、神経を伝わって筋肉を収縮させる。骨と骨を連結している筋肉の収縮により関節の運動が起こる。肘の場合、上腕二頭筋などの収縮により橈骨が動き、肘関節が曲がる。肘関節を伸ばす時は反対側にある筋肉が収縮する。これらの自分の意志で動かすことができる筋肉を骨格筋と呼び、腸や膀胱などにある平滑筋と区別される。心臓を動かす筋肉は心筋と呼ばれ、構造的に骨格筋と類似している。

筋肉の収縮による関節の運動

筋肉が収縮
橈骨

橈骨が動くことで
肘が曲がる

骨とは

　人間には約200個の骨がある。筋肉は骨に付着し、筋肉の収縮により骨と骨の連結部である関節が動く。骨は一度作られると一生そのままというわけではなく、骨を作ること（骨形成）と壊すこと（骨吸収）が、バランスを保ちながら常に行われている。閉経や運動性無月経によるホルモンの影響により、骨を壊す量が作る量を上回ると、骨粗鬆症になる。

軟骨とは

　関節の軟骨は、骨の端を覆うわずか数 mm の組織で、滑らかな関節の運動を可能とする。骨のように常に生まれ変わるわけではなく、一度損傷すると修復されにくい。子供の骨には骨端線（成長線）と呼ばれる軟骨の層があり、この部位で骨が長くなる（P.168）。骨端線は力学的には弱く、障害や損傷が生じやすい。

腱・靭帯とは

　筋肉が骨に付着する部位は腱となっており、筋肉の力を骨に効率的に伝える。最も有名な腱であるアキレス腱は、下腿三頭筋（腓腹筋とヒラメ筋）から連続している。靭帯は、骨と骨とを強固につなげて、関節の安定性に重要な役割を果たす。膝の前十字靭帯や、肘の内側側副靭帯がよく知られている。

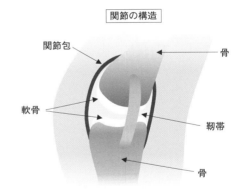

関節の構造

関節包　骨　軟骨　靭帯　骨

POINT

筋肉の収縮により、関節の運動が起こる。その筋肉の動きを司っているのは神経であり、脳である。

Q.　□を埋めよ。関節の動きは脳からの命令が神経に伝わり、□□□□□が収縮して骨を動かすことで生じる。

全身の基礎知識

運動では、筋肉や関節の動きが注目される。しかし、心臓や肺などの臓器も非常に大切な役割を果たしている。基本的な身体の仕組みとしての循環や呼吸を理解しておこう。

循環とは

心臓は筋肉でできており、血液をポンプのように送り出す働きをする。血液が体内をめぐることを循環と呼び、心臓や血管などを循環器系と呼ぶ。全身で酸素を使った後、二酸化炭素を多く含む血液は、右心房に戻り、右心室から肺へ送り出される。肺で酸素を多く含む血液になり、心臓の左心房に戻ってくると、左心室から全身に送り出される。人の血液は体重の約1/13である（65 kg の人なら5 kg が血液）。心拍1回で左心室から送り出される血液量は約70 mL であり、1分間の脈が70回の場合、4900 mL が1分間で全身に送り出されて戻ってくることになる。

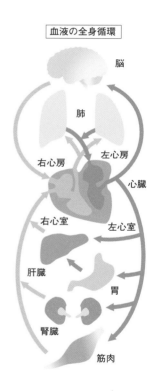

血液の全身循環

脳
肺
左心房
右心房
心臓
右心室
左心室
肝臓
胃
腎臓
筋肉

スポーツにおける心臓

運動時には心拍数や1回の心臓が送り出す血液量は増える。これは運動により酸素の消費量が増えるため、送り出す血液を増やして全身に酸素を届ける必要があるからである。心臓はポンプとして常に動き続け、激しい運動を長期間続けると、心筋が肥大し、普段の脈も遅くなる「スポーツ心臓」と呼ばれる状態になる。

呼吸とは

　呼吸器系とは、鼻と口に始まり、気管から左右の気管支、肺へと続く空気の通り道にある器官を指す。肺にある何百万もの肺胞では、酸素を血液に取り込み、二酸化炭素を排出する。空気を吸うための肺を動かす筋肉は存在せず、肋骨にある肋間筋、横隔膜、腹筋などの筋肉の働きで胸郭を動かし、呼吸が生じる。喫煙は呼吸器系のみでなく、循環器系にも悪影響を及ぼすため、スポーツ選手は禁煙を心がけたい。

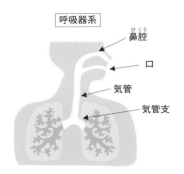

呼吸器系
鼻腔（びくう）
口
気管
気管支

有酸素運動と無酸素運動

　筋肉を動かす時、エネルギーが必要である。このエネルギーを生み出すため、酸素を必要とする仕組みと必要としない仕組みが身体には備わっている。長距離走では有酸素運動で、短距離走では無酸素運動で生み出したエネルギーを利用するが、多くのスポーツでは両方を必要とする。

最大酸素摂取量

　持久系アスリートの能力を評価する指標として最大酸素摂取量が用いられる。運動中は筋肉で大量のエネルギーを消費するため、酸素をより多く摂取できた方が有利である。最大酸素摂取量は、トレーニングにより高めることができる。

POINT

循環器系、呼吸器系が安定してこそ、良い運動が生まれる。
スポーツ選手は禁煙を心がけよう。

一問一答　005

Q.　運動時には全身での酸素消費量が増える。この時、心拍数や1回の心臓が送り出す血液はどうなるか。

上 肢 の 骨

上肢と体幹をつなげる骨には、鎖骨と肩甲骨がある。上腕には上腕骨が、前腕には橈骨と尺骨がある。肩関節は上腕骨と肩甲骨が、肘関節は上腕骨と橈骨・尺骨がなす関節である。手のつけ根には手根骨と呼ばれる小さな骨が8個ある。

肩関節の骨

肩関節は上腕骨と肩甲骨からなる。上腕骨の肩甲骨と関節をなす面は、半球状の形をしている。受け皿になる肩甲骨側は浅いため、肩関節は脱臼を起こしやすい。肩鎖関節は肩甲骨と鎖骨からなる関節で、その動きはわずかなものである。肩甲骨は肋骨（胸郭）の背面を滑るように動くため、肩甲胸郭関節と呼ばれる。広い意味では、これらの関節を含めて肩関節と呼び、人体で最も可動域が広い。

肩関節の鍵となる肩甲骨

肩甲骨は頚椎や胸椎などの脊柱や肋骨と多数の筋肉でつながっている。これらの筋肉のタイトネスにより、肩の動きのリズムは悪くなる。上肢を使用するスポーツにおいて、肩甲骨の動きは鍵となる。

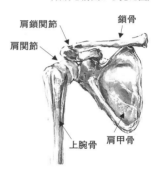

肩関節の骨
（右肩を前面から見た図）

肩鎖関節　　　鎖骨
肩関節
肩関節
上腕骨　　肩甲骨

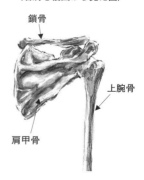

肩関節の骨
（右肩を後面から見た図）

鎖骨
上腕骨
肩甲骨

肘関節の骨

　肘関節は、上腕にある上腕骨と、前腕にある橈骨と尺骨からなる。皮膚の上から肘の内側の上腕骨内側上顆を触れることができ、その近くを尺骨神経が走行している。肘をぶつけた時にしびれを生じるのは、そのためである。肘関節を曲げる動きは食事、洗顔、洗髪などの動作に重要であり、肘周囲の骨折や外側型の野球肘で可動域に制限が残ると、スポーツだけでなく、日常生活が不便となる。

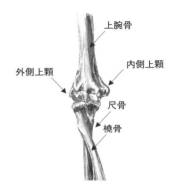

肘関節の骨
（右肘を前面から見た図）

上腕骨
外側上顆
内側上顆
尺骨
橈骨

手関節の骨

　手関節は前腕にある橈骨・尺骨と、手根骨（舟状骨、月状骨、三角骨）がなす関節である。手をついて転倒すると、橈骨の手関節に近い部位で骨折することがある。手根骨は8個の小さな骨からなる。

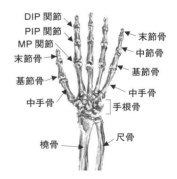

手関節の骨
（右手の甲を上から見た図）

DIP 関節
PIP 関節
MP 関節
末節骨
基節骨
中手骨
末節骨
中節骨
基節骨
中手骨
手根骨
橈骨
尺骨

手指の骨

　手の指には中手骨のほか、基節骨、中節骨、末節骨がある。親指のみ中節骨がない。それぞれの関節を先端から順にDIP関節、PIP関節、MP関節と呼ぶ。

下肢・骨盤の骨

骨盤の骨は体幹と下肢をつなぐ重要な役割を果たす。大腿には大腿骨が、下腿には脛骨と腓骨がある。下肢の骨には、立位や歩行時に身体を支える役割があり、股関節や膝関節には体重の負荷が加わる。

骨盤の骨

骨盤の骨は左右一対の寛骨、仙骨、尾骨で構成される。寛骨は恥骨、坐骨、腸骨の3つの骨からなる。子供の時は3つの骨が軟骨による結合をしているが、成人になるとこれらが骨として結合する。骨盤は腰椎から連続する仙骨と仙腸関節をなし、大腿骨と股関節をなすため、体幹と下肢をつなぐ重要な部位となる。女性の骨盤腔は胎児が通過しやすい広く円い形となっている。

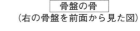
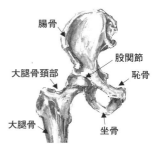

骨盤の骨
（右の骨盤を前面から見た図）

腸骨
股関節
大腿骨頚部
恥骨
大腿骨
坐骨

股関節の骨

股関節は骨盤と大腿骨がなす関節である。大腿骨の骨盤に近い側は、半球状をしている。受け皿となる骨盤側は肩関節と比べても深いため、肩関節に比べると可動域は狭く、脱臼も起こりにくい。大腿骨の細くくびれた部位である大腿骨頚部は、高齢者の転倒で骨折を起こしやすい。マラソンなどで疲労骨折を起こすこともある。大腿骨は人体の中で最も長い骨である。

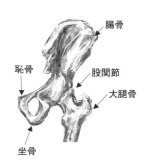

骨盤の骨
（右の骨盤を後面から見た図）

腸骨
恥骨
股関節
大腿骨
坐骨

膝関節の骨

　膝関節は**大腿骨**、**膝蓋骨**、**脛骨**、**腓骨**からなる。体重の伝達は主に**大腿骨**と**脛骨**の関節で行われる。「膝のお皿」に当たる**膝蓋骨**は、膝を伸ばす際に**大腿四頭筋**の力を脛骨に効率的に伝える役割を果たす。膝関節の主な動きは曲げ伸ばしで、捻り動作に対しては**靭帯**が安定性を保つために働くが、大きな負荷が急激に加わると、靭帯は断裂（損傷）する。日本人にはＯ脚が多いが、大腿骨や脛骨自体の骨の並びや弯曲が関係するため、矯正ストレッチなどで実際のＯ脚は改善しない。

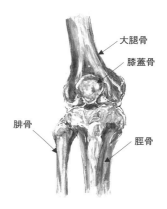

膝関節の骨
（右膝を前面から見た図）

大腿骨
膝蓋骨
腓骨
脛骨

足関節・足部の骨

　膝から続く**脛骨**・**腓骨**が**距骨**となす関節を**足関節**と呼ぶ。体重の伝達は主に脛骨と距骨の間で行われている。いわゆる「弁慶の泣き所」は**脛骨**にあたり、**内くるぶし**は**脛骨**の**内果**、**外くるぶし**は**腓骨**の**外果**にあたる。かかとの骨である踵骨と皮膚の間には分厚い脂肪組織があり、クッションの役割を果たす。足の基部には距骨、踵骨、舟状骨など７個の足根骨がある。中足骨と足根骨との関節をリスフラン関節と呼ぶ。

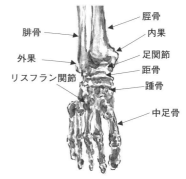

足関節の骨
（右足関節を前面から見た図）

腓骨
外果
リスフラン関節
脛骨
内果
足関節
距骨
踵骨
中足骨

B
身体の知識

Q. 膝関節を構成する骨の中で、体重の伝達は主にどの骨とどの骨で行われるか。

頭部・脊椎の骨

頭蓋骨は脳を保護する役割をもつ。脊椎は頚椎、胸椎、腰椎、仙骨と連続し、横から見るとゆるやかにカーブしている。脊椎の骨は身体を支える役割と、脊髄を保護する役割がある。上下の脊椎の間には椎間板が存在する。

頭部の骨

頭蓋骨は15種23個の骨からなる。前頭骨、頭頂骨、後頭骨、側頭骨などは脳の保護に重要である。上顎骨と下顎骨には歯が並ぶ。頭蓋骨で唯一の動く関節である顎関節は、下顎骨と側頭骨からなる。鼻の根元には鼻骨があるが、顔から出っ張っているやわらかい部分は主に鼻の軟骨である（P.48）。

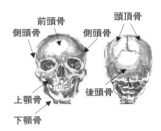

頭部の骨

前頭骨　頭頂骨
側頭骨　側頭骨
上顎骨　後頭骨
下顎骨

頚椎

頚椎は7個の骨からなる。第一頚椎は、後頭骨と関節をなす。顔を左右に回す動きは、第1頚椎と第2頚椎の関節で最も大きい。それぞれの頚椎には、頚髄が通過する孔がある。頚髄から枝分かれした神経は、上下の頚椎の隙間を通過し、上肢に分布する。頚椎にはゆるやかなカーブがあり、頭部を支えやすい構造をしている。

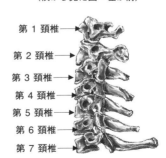

頚椎の骨
（横から見た図・左が前）

第1頚椎
第2頚椎
第3頚椎
第4頚椎
第5頚椎
第6頚椎
第7頚椎

A.　大腿骨と脛骨

胸椎・肋骨

　胸椎は頚椎に続く12個の骨で、それぞ
れ肋骨と関節をなす。肋骨の前方は肋軟骨
となって胸骨と連結し、心臓や肺を保護す
る胸郭を構成する。胸郭は横隔膜や肋間筋
の働きにより拡がりを変え、それに伴い肺
が膨らむ・縮むことで呼吸が行われる。胸
椎は腰椎と比べて前後屈での可動域は小さ
いが、回旋の可動域は広い。障害が生じる
頻度は腰椎より低い。

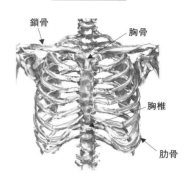

胸椎・胸部の骨

鎖骨　胸骨　胸椎　肋骨

腰椎

　腰椎は5個の骨からなる。上下の腰椎は
椎間関節をなし、それぞれの椎間関節で生
じる運動の和が腰の動きとなる。また、上
下の腰椎の間には、軟骨の一種である椎間
板があり、クッションの役割をしている。
腰椎は仙骨につながり、仙骨は骨盤にある
腸骨と仙腸関節をなす。また、腰椎は大
腿骨と大腰筋などの筋肉で連結しており、
股関節の動きと腰椎の動きは大きく関連す
る。お尻から真下に落ちたときに打つ部位
は、尾骨である。

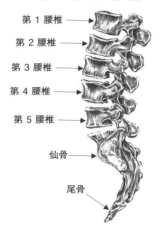

腰椎の骨
（横から見た図・左が前）

第1腰椎
第2腰椎
第3腰椎
第4腰椎
第5腰椎
仙骨
尾骨

Q.　頚椎の骨は何個あるか。また腰椎の骨は何個あるか。

上肢の筋肉

肩の筋肉は、表層にあり、大きな筋力を発揮する三角筋、大胸筋、広背筋などのアウターマッスルと、深層にあり肩関節を安定させる腱板筋群であるインナーマッスルがある。手関節や手指を動かす筋肉は、腱の部分が長い。

肩を動かす筋肉（アウターマッスル）

　三角筋は肩を覆う筋肉で、肩を挙上させる働きがある。胸の前面にある大胸筋は、野球のバッティングやテニスのスイング動作で重要となる。広背筋は胸椎・腰椎と上腕骨をつなげる背部に広がる筋肉である。頚椎・胸椎と肩甲骨をつなぐ僧帽筋は肩甲骨を動かすことで肩の挙上を補助する。肩こりの原因となる筋肉でもある。

肩を動かす筋肉（インナーマッスル）

　肩甲骨と上腕骨をつなぐインナーマッスル（棘上筋・棘下筋・肩甲下筋・小円筋）が上腕骨に付着する部分を腱板と呼ぶ。投球動作やテニスのスイング動作で、肩を安定させる働きをする。大きな力を生み出す筋肉ではなく、地味なトレーニングで強化される（p.134）。

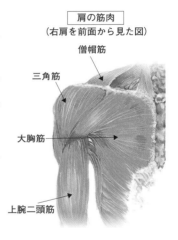

肩の筋肉
（右肩を前面から見た図）

僧帽筋
三角筋
大胸筋
上腕二頭筋

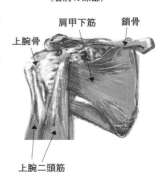

肩の筋肉
（右肩の深部）

肩甲下筋　鎖骨
上腕骨
上腕二頭筋

　一問一答　008
　A．頚椎は7個、腰椎は5個

上腕の筋肉

　力こぶを作る上腕二頭筋は肩甲骨に始まり、肩関節と肘関節をまたいで橈骨に付着する。その深層にある上腕筋とともに肘を曲げる働きをする。また、上腕の後面にある上腕三頭筋は、肩甲骨と上腕骨から始まり、肘の後面にあたる尺骨に付着し、肘を伸ばす働きをする。

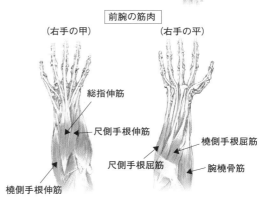

上腕の筋肉
（右上腕の前面）

上腕二頭筋

肘から手関節の筋肉

　手関節を曲げる筋肉である橈側手根屈筋や尺側手根屈筋は、肘の内側にある上腕骨内側上顆から始まる。手関節を反らす筋肉には長・短橈側手根伸筋があり、肘の外側にある上腕骨外側上顆から始まる。

前腕の筋肉

（右手の甲）　　　　（右手の平）

総指伸筋

尺側手根伸筋

橈側手根屈筋

尺側手根屈筋

腕橈骨筋

橈側手根伸筋

手指を動かす筋肉

　親指の動きは、曲げる（長・短母指屈筋）、伸ばす（長・短母指伸筋）、開く（長・短母指外転筋）、閉じる（母指内転筋）、つまむ（母指対立筋）と多彩である。指を曲げる筋肉としてDIP関節では主に深指屈筋、PIP関節では浅指屈筋が働く。

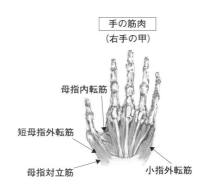

手の筋肉
（右手の甲）

母指内転筋

短母指外転筋

母指対立筋

小指外転筋

Q. 肩甲骨や鎖骨から始まり、上腕骨に付着して、肩を挙上させる代表的なアウターマッスルは何か。

下肢の筋肉

歩行やランニング動作に重要な下肢の筋肉は、過度の運動で肉離れを起こすことも多い。また、下肢の筋肉のタイトネスがあると腰椎への負担が増えるため、普段からの適切なストレッチが欠かせない。

大腿後面の筋肉

　ハムストリングは、大腿後面にある半膜様筋・半腱様筋・大腿二頭筋の総称であり、膝を曲げる働きをする。坐骨などの骨盤から始まり、膝にある脛骨に付着する。この脛骨の内側の付着部を鵞足と呼び、ランニングで痛みが生じやすい部位の１つである。

大腿前面の筋肉

　大腿前面にある大腿四頭筋は膝を伸ばす４つの筋肉からなる。内側広筋、外側広筋、中間広筋は大腿骨から、大腿直筋は腸骨から始まり、膝蓋骨を包み、膝蓋腱となり脛骨に付着する。ランニングやジャンプなどの動作で重要であり、成長期の膝の痛みの原因となることも多い。
　大腿側面には大腿筋膜張筋から続く腸脛靭帯があり、膝に近い部位ではランニングで負担がかかりやすい（実際の靭帯ではない）。

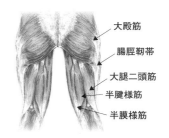

大腿後面の筋肉

- 大殿筋
- 腸脛靭帯
- 大腿二頭筋
- 半腱様筋
- 半膜様筋

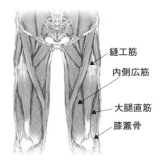

大腿前面の筋肉

- 縫工筋
- 内側広筋
- 大腿直筋
- 膝蓋骨

下腿の筋肉

下腿後面には、膝の裏から始まる腓腹筋（内側頭・外側頭）およびヒラメ筋があり、これらを合わせて、下腿三頭筋と呼ぶ。これらがアキレス腱となって踵骨に付着する。歩行時に踵を浮かせる働きがあり、ランニングやジャンプでも重要となる。疲労が蓄積した時につることも多く、腓腹筋の内側頭は肉離れを起こしやすい。

下腿前外側にある前脛骨筋は、足関節を反らす働きがあり、歩行時につま先を持ち上げる。長・短腓骨筋は足裏を外側に向ける働きがあり、足部のアーチ維持や、起伏のある地面でのランニングを補助する。

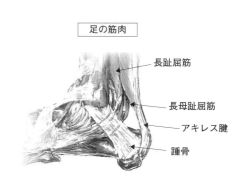

下腿の筋肉

（後面）　（前面）

腓腹筋
ヒラメ筋
短腓骨筋
アキレス腱
踵骨
長母趾屈筋
半膜様筋
長腓骨筋
前脛骨筋
長趾伸筋
長母趾伸筋

B 身体の知識

足部の筋肉

足の指を曲げる筋肉は、長・短母趾屈筋や長・短趾屈筋などがある。指を伸ばす筋肉は、長・短母趾伸筋や長・短趾伸筋などがある。足底腱膜は、足部のアーチ維持に重要な役割を果たしている。

足の筋肉

長趾屈筋
長母趾屈筋
アキレス腱
踵骨

Q．膝を伸ばす筋肉で、大腿直筋、内側広筋、外側広筋、中間広筋からなる筋肉を総称して何と呼ぶか。

体幹の筋肉

体幹とは胸椎・腰椎・骨盤・腹部など身体を支える中心にある構造を意味する。
近年、スポーツ動作における体幹の重要性が認識されている。

頚部の筋肉

僧帽筋は頚椎・胸椎・後頭骨と肩甲骨をつなげている。頚椎の深層には頭半棘筋(きょくきん)や頭板状筋(とうばんじょうきん)など頚椎と後頭骨とを結ぶ筋肉があり、これらの筋肉を鍛えることが、頭部や頚部の外傷予防に大切である。

腰背部の筋肉

最長筋(さいちょうきん)や腸肋筋(ちょうろくきん)などのうち、胸郭と骨盤をつなぎ、脊柱には直接付着しない部位はグローバル筋と呼ばれ、大きな力を生み出す。脊柱起立筋とも呼ばれる。背部の深層にある回旋筋(かいせんきん)や多裂筋(たれつきん)などはローカル筋と呼ばれ、体幹の回旋や安定化に重要な役割を果たす。体幹トレーニングはローカル筋を意識して行われる。ローカル筋で脊柱を安定させた状態で、グローバル筋で大きく速い動作を生み出す動作が、脊柱の理想的な運動である。

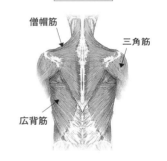

背部の筋肉

僧帽筋

三角筋

広背筋

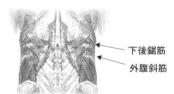

腰部の筋肉
（広背筋を外してある）

下後鋸筋

外腹斜筋

　一問一答　010
　　A．大腿四頭筋

骨盤の筋肉

腸骨筋と大腰筋・小腰筋を合わせて腸腰筋と呼び、股関節を曲げる働きをする。体幹の深層にある筋肉で、腰椎と大腿骨をつなげるため、歩行やランニングにおいて極めて重要な働きをする。

また、殿部には股関節を後方へ伸ばす大殿筋、片脚での立位保持に重要な中殿筋、股関節を安定させる小殿筋などがある。

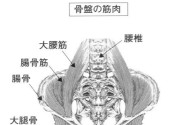

骨盤の筋肉

大腰筋　腰椎
腸骨筋
腸骨
大腿骨

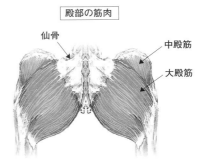

殿部の筋肉

仙骨
中殿筋
大殿筋

腹部の筋肉

腹筋は背中をかがめる動作や、体幹を維持するために重要な筋肉である。腹直筋は恥骨と肋軟骨をつなげる。筋腹は上下5-7段に分かれており、内臓の保護にも大切である。斜めに走る内腹斜筋や外腹斜筋は体幹の回旋や横に曲げる動きで働く。腹横筋は呼吸においても働く。また、呼吸において重要な役割を果たす横隔膜は単なる膜ではなく、筋肉である。

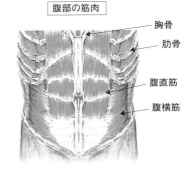

腹部の筋肉

胸骨
肋骨
腹直筋
腹横筋

一問一答　011

Q. 頭の骨や頚椎から始まり肩甲骨に付着する、肩こりの原因にもなる筋肉は何か。

ジョーンズ骨折の早期発見に向けて

サッカー選手に頻度の高い、第5中足骨の疲労骨折であるジョーンズ骨折について、サッカーU-22日本代表にも帯同されている立石智彦先生にお話をお伺いしました。

——なぜサッカー選手にジョーンズ骨折は多いのでしょうか。

立石 サッカーはステップを切るだけでなく、片足で立ってボールを扱うことが多いためジョーンズ骨折が多いと思います。最近では人工芝の導入により、スパイクとのグリップが強くなり、足の外側にかかるストレスが増えたことも原因です。

——ジョーンズ骨折を起こしやすい選手の要因はありますか。

立石 男性に圧倒的に多いです。日本人は特に受傷しやすいですが、O脚の為かどうかは分かっていません。股関節の内旋（女の子座り／アヒル座りのような恰好）可動域の狭い選手に多いと言われます。つま先立ちしたときに荷重が足の外に流れる選手にも多いです。足趾の握力が弱い人、足の長さが長い人に多いとも言われます。

——ジョーンズ骨折の治療はどのようなものですか。

立石 プレー中に"パキッ"と音が鳴った完全骨折の場合は、再骨折をさせないために、ねじ（スクリュー）を入れる手術をします。復帰まで約3ヵ月かかります。まれに不全骨折で見つかった場合は保存治療を勧めています。後に話す予防法を行い、競技を休まずに骨癒合することを目指します。

——立石先生がジョーンズ骨折検診を始めたきっかけはなんですか。

立石 大事な試合の前にジョーンズ骨折になって試合に出られない選手を見てきました。その中で、不全骨折の選手を診察することがあり、もし不全骨折を早期発見できれば予防できるのではないかと思いました。不全骨折の半数以上の選手は、あまり痛みを訴えないので病院には来ません。そこで現場に行き検診をすることにしました。徳島で始まった野球肘検診なども参考にしてエコー（超音波）検査も導入しました。

——ジョーンズ骨折の予防には、どのようなものが挙げられますか。

立石 まずは、この骨折の存在を"知る"ことです。どの部位が痛くなった場合に不全骨折の可能性があるのかを知れば、早めに本人も気付きます。早期発見が予防につながります。また、人工芝のグランドの場合は、ボールを使わないウォームアップや素走りの練習はランニングシューズなどで行うのが良いでしょう。股関節の内旋のストレッチも有効です。

——どうも有り難うございました。

立石智彦 同愛記念病院 関節鏡・スポーツセンター。日本サッカー協会医学委員。徳島ヴォルティスチームドクター。JONES骨折研究会。日本スポーツ医学検定機構 スーパーバイザー。

　　　　A. 僧帽筋

スポーツのケガ・故障の知識

1

スポーツのケガ・故障総論

スポーツのケガ・故障について

　スポーツによるケガは「スポーツ外傷」、故障は「スポーツ障害」と呼ばれる。「スポーツ外傷」は、ジャンプの着地で足首を捻る、転倒した際に地面に手をついて骨折する、といったように、一度の外力でケガするものを指す。一方、「スポーツ障害」は、ランニングを続けて膝が痛くなる、泳ぎの練習を続けて腰が痛くなる、といったように、繰り返しの動作による負荷が蓄積され、痛みを生じるものであり、一般には故障を指す。

スポーツ外傷（ケガ） 一度の外力	スポーツ障害（故障） 繰り返す負荷
・頚髄損傷　・前十字靭帯損傷 ・脳振盪　・足関節捻挫 ・肩関節脱臼　・アキレス腱断裂 ・肘関節脱臼　・骨折	・腰椎椎間板ヘルニア　・ジャンパー膝 ・腰椎分離症　・オスグッド病 ・投球障害肩　・シンスプリント ・野球肘　・疲労骨折

ケガ・故障からの復帰

　ケガ・故障によっては、ある一定期間の練習やある競技動作を休止しなくてはならないことがある。その間、何もしないのではなく、ケガ・故障の原因となった身体の硬さや使い方を改善するリハビリが重要となる。できれば理学療法士やアスレティックトレーナーなどの専門家のアドバイスを受けたい。また、競技復帰に際しては段階的に運動量や練習の強度を上げる必要がある。

ケガからの復帰に大切なこと

適切な安静期間

リハビリテーション

段階的競技復帰

スポーツ外傷の予防

　スポーツ外傷は突発的な要素もあり、完全な予防は難しい。しかし、長時間の練習による集中力の低下、体格や年齢差の大きい選手とのコンタクトプレーなどのリスク要因がないかは注意したい。また、女子バスケットボールで取り入れられた前十字靭帯損傷の予防プログラム（下肢や体幹の筋力強化、バランストレーニング、ステップのスキルアップなど）は、ケガの予防のみでなく、パフォーマンスの向上も期待でき、Safety = High performance の考え方となる。予防の取り組みの更なる普及が望まれる。

スポーツ障害の予防

　スポーツ障害はその競技に必要な動作の過剰な繰り返し、つまりオーバーユース（使い過ぎ）が原因となる。しかし、同じ運動量のチームメイト全員にスポーツ障害が生じるわけではなく、柔軟性低下、筋力不足、バランス不良といったコンディション不良や競技フォームの不良がある選手に生じやすい。これらは痛みが生じる前から存在し、普段からのコンディション作り、適切な競技フォームの獲得、適切な運動量によりスポーツ障害は予防でき、確実にパフォーマンスの向上につながる。まさに Safety = High performance である。

スポーツ障害の予防

使い過ぎ	不良な競技フォーム	コンディショニング不足（柔軟性低下・バランス不良など）
↓	↓	↓
適正な練習量・運動の指示	適切な競技フォームの指導	適切なリハビリの指導

スポーツ指導者	理学療法士、トレーナーなど

一問一答　012

Q. スポーツによるケガ・故障は一度の外力で生じるものと、繰り返す負荷で生じるものの2つに大きく分かれる。その2つをそれぞれ答えなさい。

2

スポーツ現場での処置

スポーツ現場で生じる外傷には RICE 処置が基本である。発生頻度は高くないが、心肺停止が生じた際には、心肺蘇生ができる人が現場に一人でも多くいることが望まれる。AED は誰でも使用でき、使用が適切かどうかは機械が判断してくれるので、心肺停止と判断した場合は迷わず使用したい。

RICE 処置
（ライス）

　RICE 処置とは、外傷が生じた時に最初に行うべき4つの重要な治療の英語の頭文字を取ったものである。外傷が起こるとその部位には炎症が生じて腫れる。患部の安静（Rest）、冷却（Icing）、適度な圧迫（Compression）、そして挙上（Elevation）を

R	Rest（安静）
I	Icing（冷却）
C	Compression（圧迫）
E	Elevation（挙上）

行うことが、炎症を抑え、腫れを長引かせないためにも重要である。ただし、アイシングで、氷水を入れたビニール袋を長時間患部に直接当てると、凍傷を起こすことがあるため、タオルを1枚当てた上から冷却することが勧められる。患部の挙上は、血流が患部にうっ滞することを防ぐために行われる。

足関節捻挫に対する RICE 処置の例

Compression
（弾力包帯での圧迫）

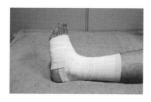

Icing
（氷嚢でアイシング）

Elevation
（挙上）

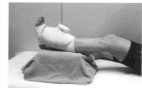

創傷の処置
そうしょう

　傷の処置は、まず圧迫して止血することが基本である。また、水道水でよく洗浄し、泥などの付着を落とすことが大切である。傷の保護は、ガーゼではなく、創傷被覆材で覆うことが推奨されている。近年、創傷の処置は、消毒してガーゼ保護して乾燥させるという既存の方法から、湿潤環境で治す方法が推奨されている。適切な処置は医療機関で行うことが勧められる。

搬送

　スポーツ現場で選手が倒れ、歩行困難な場合は担架を用いて搬送する。頭頚部損傷の場合や、傷病者に意識がない場合、頚椎を保護する必要があり、頚椎カラーを装着することが推奨される。担架に乗せる際、頚部を固定する人がリーダーとなり、移動などの際の声掛けを行う。

搬送法

Log Roll(ログロール)法

３人で選手の体を手前に90度回転させ、残りの一人がボードを背中にあて、あおむけに戻す。リーダーは体の回転に伴い、頭を回転させる。

Lift and Slide（リフトアンドスライド）法

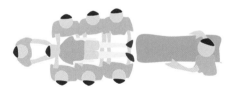

両脇の３人ずつで体を持ち上げ、もう一人が足の方からボードを挿入する。日常から訓練しておくことが望ましい。

一問一答　013
Q.　心肺蘇生時の胸骨圧迫は１分間に約何回の速さで行うのがよいとされているか。

心肺蘇生の判断

　「傷病者に反応がなく、呼吸がないか異常な呼吸が認められる場合、あるいはその判断に自信が持てない場合は心停止、すなわち心肺蘇生処置が必要と判断し、ただちに胸骨圧迫を開始する」ことが推奨されている＊。呼吸の有無の確認には、胸部と腹部の動きを観察し、動きがなければ「呼吸なし」と判断する。心停止直後の傷病者ではしばしば認められる、しゃくりあげるような不規則な呼吸は死戦期呼吸とよばれ、胸と腹部の動きがあっても「呼吸なし」と判断する。

＊ JRC 蘇生ガイドライン2015（日本蘇生協議会）

胸骨圧迫

　胸骨圧迫では、胸骨の下半分を1分間に100〜120回程度の速さで、胸が約5cm程度沈むように圧迫する。一般の人が蘇生を行う場合、気道確保や人工呼吸は必要ない。また、周囲の人に救急通報（119番通報）と AED の手配を依頼し、AED が到着次第、速やかに装着して電気ショックを行う。胸骨圧迫は救急隊に引き継ぐまで、または傷病者に通常の呼吸が戻るまで続ける。

AED

　AED（automated external defibrillator; 自動体外式除細動器）とは、心臓が致死的な不整脈である心室細動になった際に、電気ショックを心臓に与えて正常に戻す機器であり、一般の人でも使用できる。

　電気ショックの必要性は、胸にパッドをつけることで自動解析してくれるため、誤った

画像提供：フクダ電子（株）

場面で電気ショックを行ってしまうことはない。使用方法は、①電源を入れる、②パッドを胸部に貼る、③傷病者の体に誰も触っていないことを確認して電気ショックのボタンを押す、の3ステップである。

　　　A．約100〜120回

AED を使用した一次救命の流れ

①倒れている人を発見
したら呼びかける。

②反応がなければ応援をよ
び、119番通報と AED を
お願いする。

③通常の呼吸がなけ
れば胸骨圧迫を開
始。

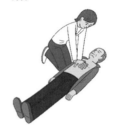

④ AED が到着したら電源
を入れ、音声ガイダンス
に従い操作。

⑤電極パッドを装着し、心電図解析を行う
（心電図解析中は傷病者に触れない）。

⑥解析の結果、ショックが必要な場合
は、誰も傷病者に触れていないことを
確認してからショックボタンを押す。

⑦ AED の使用後は、AED の
音声に従い、パッドはつけ
たまま、救急隊に引き継ぐ
まで胸骨圧迫を継続する。

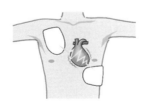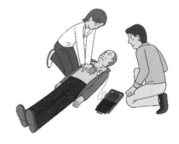

※ JRC 蘇生ガイドライン2015準拠　※イラスト提供：フクダ電子（株）

一問一答　014
Q.　RICE 処置の４つを挙げなさい。

C
・スポーツのケガ
・故障の知識

3-1

頭 部 外 傷 の 総 論

頭部外傷はコンタクトスポーツに多いが、あらゆるスポーツで生じる。軽い頭部外傷と思っていたものが、生命に関わる 急性硬膜下血腫であったケースもある。スポーツ現場での判断がその後の治療経過を左右するため、頭部外傷に対する知識、理解は必須である。

頭部外傷

頭部への直接的な衝撃や、頭部が強く揺さぶられることで、脳に障害が生じることがある。生命に関わる急性硬膜下血腫では、受傷後に意識清明期と呼ばれる意識がはっきりとした状態を30％に認めるため、意識があるからといって安心してはならない。また、脳振盪は決して軽いケガではなく、段階的に競技復帰する重要性が認識されている。

直接的な衝撃による頭部外傷

医療機関の受診が必要な時

持続する意識障害、手足の麻痺、言語障害、けいれん、繰り返す嘔吐、呼吸障害などの症状があれば、重症の頭部外傷の可能性があり、すぐに救急車を呼ぶ。それらの症状がなくても、医療機関受診が勧められる症状として、①意識消失があった、②外傷前後の記憶がはっきりしない、③これまでにない頭痛あるいは持続する頭痛、④めまいやふらつき、⑤麻痺（手足に力が入りにくい）やしびれ、⑥興奮や混乱がある、⑦何度も繰り返している脳振盪、が挙げられる。

脳が揺さぶられての頭部外傷

一問一答 014
A. Rest（安静）、Icing（冷却）、Compression（圧迫）、Elevation（挙上）

意識障害の評価

　スポーツ現場において、意識障害の評価は重要である。意識障害の程度は、I. 刺激しなくても覚醒している状態、II. 刺激すると覚醒する状態、III. 覚醒しない状態、に分けられる（JCS：日本昏睡スケール/Japan Coma Scale）。意識障害のパターンは、①受傷直後から意識障害が続いている、②受傷直後にあった意識障害がいったん回復し、その後再び悪化する、③受傷直後に意識障害はなかったが、その後出現し悪化する、④受傷直後は意識障害があるが、その後回復し完全に良くなる、の４つがある。①は最重症の頭部外傷を意味し、②③は意識清明期のあるパターンで、頭蓋内での出血が進行性に悪化していることを意味する。

バランステスト

　利き足を前において立ち、両手は腰において目を閉じ20秒姿勢を保つ。この姿勢を５秒以上保持できない場合や、目を開ける、手が腰から離れる、よろける、倒れるなどが20秒で６回以上ある場合、脳振盪の可能性が高い。

バランステストの姿勢

表　記憶障害を調べる質問の例

①ここはどこですか。
②今日は何月何日何曜日ですか。
③対戦相手はどこですか。
④今、何対何ですか。
⑤あなたのポジションはどこですか。
⑥３桁の数字を言うので、逆から言ってみて。

Q.　頭部外傷後に救急車を呼んだ方がよい症状を挙げなさい。

脳振盪

脳に明らかな出血を認めないが、脳の活動に障害が出るものを脳振盪（のうしんとう）と呼ぶ。近年、脳振盪を繰り返したアスリートが、歳（とし）をとってから怒りやすいなどの性格変化や認知症を呈するということで、世界中で注目されている。

頻度の高いスポーツ種目

ボクシング、アメリカンフットボール、スノーボード、柔道、ラグビー 他

受傷機転

選手同士の衝突、ボクシングのパンチによる頭部の揺さぶりなど。

症状

頭痛、めまい、気分不快、意識消失、健忘、吐き気・嘔吐、バランスが悪いなど様々な症状がある。意識消失は認めないことも多い。

治療と競技復帰のポイント

脳振盪を起こした場合、プレーを継続してはならない。十分な休息が必要であり、24時間は誰かがそばにつくか、家族に注意を促しておく。脳振盪後の数週間は2度目の脳振盪を起こしやすい。段階的競技復帰プロトコールに従い、時間をかけて競技に復帰する（表）。

表. 段階的競技復帰のプロトコール（各段階は24時間以上あけ、症状がなければ次の段階に進む）

①活動なし（完全に休む）	④接触プレーのない運動・訓練
②軽い有酸素運動（ウォーキングなど）	⑤メディカルチェック後に接触プレーを許可
③スポーツに関連した運動（ランニングなど）	⑥競技復帰

POINT

脳振盪を軽いケガで済ませないこと。その日のプレーを継続させてはならず、競技復帰は段階的に行う必要がある。

一問一答 015
A. 持続する意識障害、手足の麻痺、言語障害、けいれん、繰り返す嘔吐、呼吸障害など

その他（頭部）

急性硬膜下血腫

　急性硬膜下血腫では、脳と硬膜をつなぐ血管が損傷し、硬膜の下に生じた血腫が脳を圧迫する。一般的な急性硬膜下血腫は、受傷後から意識障害があるのに対して、スポーツによる急性硬膜下血腫は、意識障害が出にくいことがある。死亡事故や重篤な後遺症を残すスポーツ頭部外傷の中では、最も頻度が高い。早急に血腫を除去する手術が必要であり、手術までの時間が短ければ短いほど、救命の可能性も高い。これらの頭蓋内出血を生じて治癒した場合でも、日本ボクシング連盟や全日本柔道連盟は競技復帰を認めていない。

頭部外傷の予防

　重症頭部外傷を受けた選手の調査では、受傷前に頭痛、発熱、脱水を訴えていたことが多く、体調不良の時は集中力や判断力が落ち、頭部外傷が生じやすい。日頃からコンディションを整え、体調不良の時は無理しないことが大切である。また、頸部の筋力トレーニングも重要である（p.151）。

　＊日本臨床スポーツ医学会による「頭部外傷10か条の提言」は、一般の人にもわかりやすいので、ホームページでチェックしておこう。
　（https://concussionjapan.jimdofree.com/）

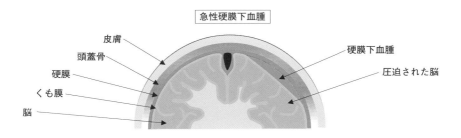

急性硬膜下血腫

皮膚
頭蓋骨
硬膜
くも膜
脳
硬膜下血腫
圧迫された脳

C ・スポーツのケガ・故障の知識

4

顔 面 の 外 傷

顔面の外傷は、選手同士の衝突や地面や床でぶつけて発生する。鼻は耳鼻科、目は眼科、歯は歯科、顔面のことは形成外科を受診することが一般的である。現場では顔面のみでなく、頭部や頚部にもケガがないかを確認しておきたい。

スポーツと顔面の骨折

スポーツ中の外力により、顔面の骨である鼻骨、上顎骨、下顎骨、頬骨などが骨折することがある。顔面の外傷では、外観・整容に気を取られがちだが、隣接する頭部や頚部の損傷がないかに気を付ける。コンタクトスポーツで早期に試合に出場するため、フェイスガードを着用することもある。フェイスガードの着用は、FIFAのルールでも認められている。

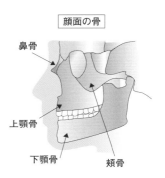

顔面の骨

鼻骨

上顎骨

下顎骨　頬骨

スポーツと歯の外傷

スポーツ中の外力により歯が脱落した場合、歯牙保存液に浸しておくことが最適だが、通常は手元に無いため、牛乳や豆乳、生理食塩水、どうしてもない場合はミネラルウォータに浸し乾燥させないようにする。その後、速やかに歯科を受診する。また、歯の矯正治療を行っている選手がコンタクトスポーツに参加する場合、衝突した際に歯が動きやすい上に、口の中の外傷や矯正装置の破損が生じることもあるため、マウスガードを着用することが望ましい。

歯が脱けたら牛乳に入れて歯医者に持参。

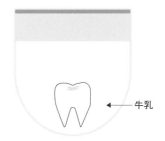

← 牛乳

A.　24時間

スポーツと目の外傷

　眼の外傷で、瞼が開けない場合は角膜や結膜の損傷が、蚊が飛んでいるように見える症状は網膜の損傷が考えられる。物が二重に見える場合は、顔面骨折の可能性がある。また、ビーチバレーなどで紫外線から眼を守るサングラス、プールの塩素から眼を守るゴーグルなども大切である。

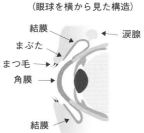

眼球の構造
（眼球を横から見た構造）

結膜
まぶた
まつ毛
角膜
涙腺
結膜

スポーツと鼻の外傷

　鼻血が出た場合、ティッシュをつめて鼻の柔らかい部分を5〜15分ほど圧迫して押さえる。仰向けになると、血液が鼻から喉に流れやすくなるので、座ってやや前かがみの姿勢がよい。鼻出血の多くは、比較的浅い位置にあるキーゼルバッハ部位から出血しており、骨である鼻の硬い部分を圧迫しても止血効果はない。鼻骨の骨折により鼻が曲がった場合は医療機関での整復が必要である。

C
・スポーツのケガ
・故障の知識

鼻血の止め方

座ってやや前かがみになり、鼻の柔らかい部分を押さえる。

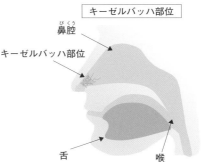

キーゼルバッハ部位

鼻腔
キーゼルバッハ部位
舌
喉

頚髄損傷

頚髄損傷は、四肢麻痺といった重大な後遺症を残す可能性がある重症の外傷である。発生リスクのある競技を行う際は、安全な動作の習得と危険な動作の回避が重要となるが、個人レベルだけではなく、チームとして、また競技団体として啓発を行っていく必要がある。

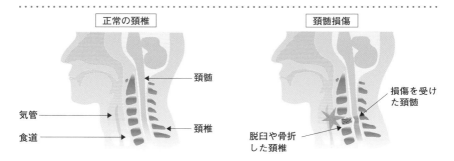

| 正常の頚椎 | 頚髄損傷 |

気管
食道
頚髄
頚椎
損傷を受けた頚髄
脱臼や骨折した頚椎

頻度の高いスポーツ種目

アメリカンフットボール、ラグビー、柔道、体操、水泳（プールへの飛び込み）、スノーボード

受傷機転

ラグビーのタックルやスクラム、柔道の投げ技の際などに、頚部が正常範囲を超えて屈曲あるいは伸展して受傷する。

症状

首の痛みや可動域制限、四肢のしびれ・痛み・筋力低下などが生じるが、重症の場合四肢麻痺や排尿困難などが出現する。頚髄損傷による麻痺の症状は、頚髄の損傷の部位や程度で異なる。下位の頚髄損傷であるほど、残存する機能は多くなる。完全麻痺の場合、受傷直後はだらんとした弛緩性の麻痺となる。また、肋間筋麻痺あるいは横隔膜を動かせない上位の頚髄損傷があれば呼吸障害が生じる。

A．やや前かがみになる。

検査・診断

単純 X 線検査や CT 検査で頚椎の骨折や脱臼を、MRI 検査で頚髄の損傷を診断する。

治療

現場で不用意に動かすと神経の症状を悪化させる可能性があり、頚部の保護に十分注意する。救急要請が必要であり、全身状態の管理が可能な医

頭部をぶつけて、頚椎が脱臼・骨折し頚髄損傷を起こす。

療機関に救急搬送される。頚椎の骨折や脱臼を伴う場合、手術により頚椎の脱臼整復や、骨の安定性を獲得する固定術が行われるが、頚髄の損傷自体を改善させる手術ではない。

リハビリのポイント

リハビリのゴールは、残存する機能（どの部位で損傷したか）によって変わる。三角筋や上腕二頭筋が使用できる場合、肩や肘の運動が可能なため、平地での車椅子の移動が可能となる。手を使用できる場合には、ベッドでの寝返りや、自動車の運転など可能な動作も増える。

予防

突発的な外傷であり、防げないケースもあるが、発生リスクのあるスポーツでは、頚部周囲の筋力強化（P.145）、レベルや年齢に合った相手とプレーする、暑熱環境では集中力が途切れないようにする、プールの水深の浅い所では頭から飛び込まない、など注意したい。また、メディカルチェックで頚髄の通り道が狭くないかを調べておくことも大切である。

> **POINT**
>
> **頚髄損傷は大きな後遺症を残し、人生を大きく変えることになる。チームや競技団体として、予防できることはすべて行う必要がある。**

Q. 頚椎の脱臼や骨折により四肢麻痺や排尿困難などの症状が出現する外傷を何と呼ぶか。

C・スポーツのケガ・故障の知識

腰椎椎間板ヘルニア

腰椎にはクッションの役割をする椎間板がある。この椎間板組織が突出し、腰痛や下肢痛を呈するものを腰椎椎間板ヘルニアと呼ぶ。基本的には保存治療で改善するが、難治性の場合や競技レベルによっては手術が考慮される。

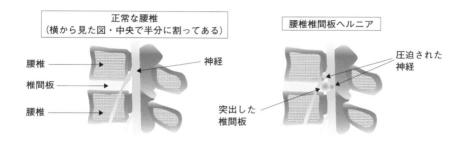

正常な腰椎
（横から見た図・中央で半分に割ってある）

腰椎 —
椎間板 —
腰椎 —

神経

腰椎椎間板ヘルニア

圧迫された神経

突出した椎間板

頻度の高いスポーツ種目

水泳、バレーボール、野球、サッカーなど多くのスポーツで生じる。

受傷機転

繰り返しの腰部への負荷により生じることが多い。

症状

腰痛や殿部の痛みが主な症状で、特に前屈で痛みを生じる。腰の前屈に制限が出ることもあり、中腰ができなくなる。悪化すると、日常動作でも痛みを生じ、支障を来す。突出した椎間板組織が神経を圧迫すると、下肢のしびれや痛みを生じる。神経の圧迫が強いと、足関節や足の指を反らす筋力が低下する麻痺症状が出現するので、悪化しないか注意する必要がある。

検査・診断

MRI 検査で突出した椎間板が確認される。ヘルニアによる神経の圧迫症状が出ると、仰向けで下肢を挙上した時にしびれや痛みが走る。

治療

　基本は保存治療である。痛みに応じてスポーツ活動の休止が必要となる。中腰や椅子に座る姿勢は、椎間板にかかる負荷が大きく、長時間これらの姿勢を続けることは避けたい。軟性のコルセットを装着し、腰部の安静を図るのも有効である。リハビリは、再発予防の点でも重要となる（p.118）。症状に改善がない場合は、突出した椎間板を摘出する手術が行われる。

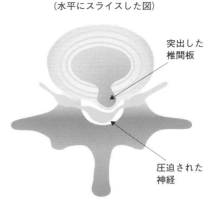

腰椎の構造
（水平にスライスした図）

突出した椎間板

圧迫された神経

リハビリのポイント

　下肢や体幹の柔軟性、そして体幹の安定性を獲得することが重要となる。柔軟性を得るには、腰椎と筋肉で連結している骨盤、大腿、肩甲骨を意識してストレッチを行う（p.120）。症状がひどい時期は、無理しないでよい。体幹トレーニングは、腹式呼吸や静的な腹筋強化から開始する（p.122）。

予防

　上肢と下肢の基盤となる体幹を強化することは、競技レベルを上げるためにも、また腰部への負荷を抑える意味でも重要となる。特に水泳などの競技では、その重要性が注目されている。現在、各種の体幹トレーニングが提唱されているが、腰痛のある時には無理をしない。

POINT

腰椎椎間板ヘルニアは保存治療が基本であり、下半身のタイトネスの改善や体幹の強化で予防することが大切。

一問一答　019

Q.　腰椎椎間板ヘルニアでは、典型的には前かがみ（前屈）と腰を反らす（後屈）姿勢のどちらで痛みが生じやすいか。

5-3

腰 椎 分 離 症

. . . .

腰椎分離症は、腰椎に生じる疲労骨折であり、そのほとんどが成長期に発生する。早い段階で見つかれば骨折の治癒が期待できるので、早めに医療機関を受診したい。腰に負荷をかけない身体作りも大切である。

. . . .

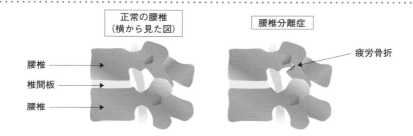

頻度の高いスポーツ種目

水泳、バレーボール、野球、サッカーなど多くのスポーツで生じる。

受傷機転

腰部への伸展や回旋の負荷が徐々に蓄積し、疲労骨折を生じる。

症状

最初はスポーツ中やスポーツ後の腰痛が出現し、痛みも軽度である。安静により痛みが消失する程度の場合、医療機関を受診せず放置していることもある。しかし、スポーツ活動の継続に伴い徐々に痛みがひどくなり、日常生活でも痛みを生じるようになる。腰を反らした時（伸展時）の痛みが特徴的であり、ひどくなると前屈時の痛みも生じるようになる。

検査・診断

初期の腰椎分離症は単純 X 線検査では見つからず、MRI 検査や CT 検査により疲労骨折が確認される。進行の程度から初期、進行期、末期に分けられる。

60 　　　一問一答　019
　　　　A. 前かがみ（前屈）

治療

初期と進行期の場合は骨折の治癒を目指した治療を行う。体育を含めて確実にスポーツ活動を休止させ、腰椎の伸展と回旋を制御できる硬性コルセットによる固定を行う（入浴時や就寝

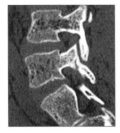

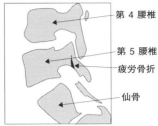

腰椎のCT像（側面から見た図）

第4腰椎
第5腰椎
疲労骨折
仙骨

時は外してよい）。初期であれば、スポーツ活動の休止と硬性コルセットの3か月間の装着により、90％以上で骨折は治療する。骨折の治癒が期待できない末期の場合、痛みに応じたスポーツ活動の休止とリハビリを行い（p.118）、段階的に競技復帰する。

リハビリのポイント

硬性コルセットを装着している間のリハビリは、疲労骨折部に負荷をかけないよう、腰を反らす動作や回旋する動作などは控えておく。下肢のタイトネスがあると、腰椎への負荷は増大しやすいため、ハムストリングのタイトネスは改善しておきたい。

予防

下肢や体幹のタイトネスはあらゆるケガ・故障の原因となるが、特に腰への負荷を増大させるため、日頃からのストレッチや（p.120）、運動後のクールダウンを適切に行っておきたい。また、年齢や成長に見合った運動量を超えている場合に障害は発生しやすいので、運動量の調整が必要である。

POINT

腰椎分離症は長期の治療を要し、放置すると進行する。成長期の腰痛は軽度であっても放置せず、早めの受診を心がけたい。

C
・スポーツのケガ
・故障の知識

Q. 腰を反らした時の痛みが特徴的である、成長期に生じる腰椎の疲労骨折を何と呼ぶか。

その他（腰椎）

症状・検査

　腰痛の原因は不明な点も多く、医療機関を受診しても、明確な診断名を言われないことがある。腰痛の病態が明確でないものは非特異的腰痛と呼ばれるが、その中には椎間関節性の腰痛、仙腸関節性の腰痛、筋性の腰痛が含まれている。椎間関節は上下の腰椎をつなぐ関節であり、腰を反らした時の腰痛の原因になる。片脚で荷重した際など、仙腸関節に負荷が加わる動作も多く腰痛の原因となる。また、腰背部の筋・筋膜への負荷が加わることで腰痛が生じることがある。

椎間関節性の腰痛

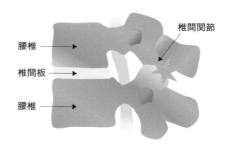

腰椎の構造（横から見たイメージ）

仙腸関節性の腰痛

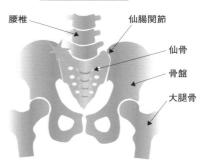

腰椎・骨盤（前から見たイメージ）

治療・リハビリ・予防

　これらの腰痛の基本的な治療は、リハビリを中心とした保存治療である（p.118）。痛みが強い場合、痛みが生じる運動動作を休止させる。椎間関節や仙腸関節の原因が明確な場合、同部への注射も有効である。普段から体幹トレーニングによる体幹安定性の獲得（p.122）、骨盤や股関節周囲筋のストレッチによる柔軟性の獲得（p.120）を行っておきたい。

　　A. 腰椎分離症

その他（頚椎）

症状・検査

　頚椎捻挫は交通事故で「むち打ち」と呼ばれるもので、頭頚部（とうけいぶ）が揺さぶられた後に、首の痛みなどを生じる。頚椎椎間板ヘルニアは椎間板の一部が突出し、脊髄や枝分かれする神経を圧迫するものであり、首から上肢にかけての痛みやしびれ、上肢の筋力低下などを生じる。バーナー症候群はアメリカンフットボールなどの衝突で頚部が後方〜横方向に強制され、上肢に焼けるような痛みを生じる。

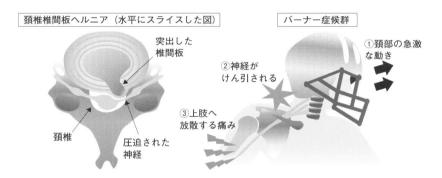

| 頚椎椎間板ヘルニア（水平にスライスした図） |
突出した椎間板
頚椎
圧迫された神経

バーナー症候群
①頚部の急激な動き
②神経がけん引される
③上肢へ放散する痛み

C・スポーツのケガ・故障の知識

治療・リハビリ・予防

　頚椎捻挫は頚椎の椎間関節や頚部の筋肉が痛みの原因と考えられ、頚部の安静や消炎鎮痛剤の内服で短期に軽快することが多い。頚椎椎間板ヘルニアでは、同様の治療に加えて頚部の強化や肩甲骨のストレッチなどが行われる（p.151）。しかし、コンタクトスポーツの継続に際しては、神経症状が悪化するリスクを理解しておく必要があり、MRI検査で脊髄自体に変化が出ている場合は競技の引退が勧められることもある。バーナー症候群でも、急性期は頚部を安静にして、筋力強化などを十分行ってから競技復帰する。

Q.　頚椎の椎間板が一部突出し、神経を圧迫する状態を何と呼ぶか。

投球障害肩（成長期）

成長期に投球動作により生じた上腕骨近位の骨端線（こったんせん）の損傷をリトルリーガーズショルダーと呼ぶ。投球動作が多い投手に頻度が高い。成長期の選手は、投球数、投球フォーム、普段のコンディショニングを自分で管理することが難しく、ケガ予防における指導者の役割は大きい。

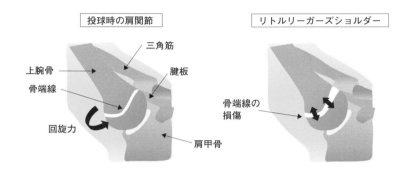

投球時の肩関節 / リトルリーガーズショルダー

三角筋
上腕骨
腱板
骨端線
回旋力
肩甲骨
骨端線の損傷

頻度の高いスポーツ種目

野球（硬式や軟式に関係なく生じる）、ソフトボール

受傷機転

投球動作の繰り返しにより、徐々に痛くなることが多い。ある1球で強い痛みが生じ、投球不能になることもある。

症状

投球時の痛みが主な症状である。肩関節に負担が加わる投球動作において、成長期では力学的に弱点である上腕骨の骨端線に負荷がかかる。この負荷が繰り返されて過剰になった時、骨端線に損傷を来す。通常バッティングで痛みは出ないが、損傷が進行した場合、痛みが出ることがある。米国で最初に報告されたため、リトルリーガーズショルダーと呼ぶが、硬式や軟式に関係なく生じる。成長期の選手が投球時の肩の痛みを訴えた場合、本病態を念頭に置く。

A．頚椎椎間板ヘルニア

検査・診断

損傷した骨端線は、単純 X 線検査で骨端線の拡大として認められ、その程度で重症度が判断される。骨端線の拡大は、成長軟骨が損傷して離れたことを意味する。

肩関節の単純 X 線像
（正面から見た図）

投球側　　　　非投球側

骨端線の
拡大

正常の
骨端線

治療

骨端線の拡大の程度により、1〜2か月の投球動作を禁止する。投球を再開する際は、距離や投球数を考慮し、段階的に復帰することが大切である。また、投球動作は下半身を基礎とした全身運動であり、投球動作を休止している期間に、肩や肘のみでなく、下半身や体幹に対するリハビリもしっかり行っておきたい。投球フォームの改善が必要になる場合もある。

リハビリのポイント

投球動作は肩や肘だけでなく、下肢や体幹の動きが重要である。下半身や体幹にタイトネスがあると、肩や肘にかかる負荷は増大する。野球の投手にとって下半身の強化は重要であるが、下肢や体幹の柔軟性も大切である（p.116, 117）。

予防

日本臨床スポーツ医学会では成長期の野球選手の投球数に関する提言をしており、それを規則に盛り込んだ野球連盟もある。適切な投球フォーム・投球の強さ・投球数の指導を含めて、指導者が成長期の選手の身体に配慮して指導を行うことが重要である。

> **POINT**
>
> **投球動作の禁止とリハビリにより、復帰を目指す。安全なスポーツ環境を作ることを、指導者は意識したい。**

一問一答 022
Q. 成長期の投球による肩の痛みでは、上腕骨のどこが力学的弱点となり負担がかかりやすいか。

投球障害肩（成人）

投球障害肩では、肩の後方タイトネスや不安定症、肩甲骨の機能不全とともに、肩関節唇（かたかんせつしん）損傷、腱板（けんばん）損傷などの構造的な変化を伴う。投球動作は下肢から体幹、そして上肢へと連鎖する運動であり、下肢や体幹に問題があることが多い。

投球相

| ウィンドアップ | 早期コッキング | 後期コッキング | 加速期 | フォロースルー期 |

頻度の高いスポーツ種目

野球（硬式や軟式に関係なく生じる）、ソフトボール

受傷機転

多くの場合、下肢や体幹にタイトネスなどの問題があり、投球動作の肩に過剰な負荷がかかることで、傷めてしまう。

症状

投球時の肩の痛みが主な症状である。多くは後期コッキング期や加速期に痛みが生じることが多い。肩関節挙上の可動域が狭くなることは少なく、肩の後方にタイトネスが生じることが多い。

検査・診断

徒手検査、MRI検査、超音波検査を組み合わせて損傷部位が診断される。また、下肢や体幹の問題点を指摘してもらうことが重要である。

A．骨端線（成長線）

治療

　治療の基本は、痛みの程度に応じた投球動作の休止や投球数の調整、リハビリである。リハビリは、肩に対するアプローチだけでなく、下肢や体幹に対して行うことも重要である。また、投球フォームは多くの個性があり修正は難しいが、障害につながる要素に関しては、改善した方がよい。痛みに改善がない場合、手術が選択肢となることもあるが、術後の投球再開で大切になるのは、やはりリハビリである。

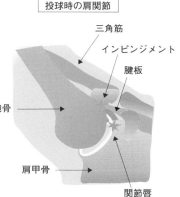

投球時の肩関節

三角筋
インピンジメント
腱板
上腕骨
肩甲骨
関節唇

C
・スポーツのケガ
・故障の知識

リハビリのポイント

　リハビリは、肩の後方タイトネスの改善、インナーマッスルの強化、肩甲骨の可動性や安定性獲得を目的として行われる（p.138）。また、胸椎や胸郭のストレッチ、背部や殿部のストレッチ、股関節やハムストリングのストレッチや（p.114）、体幹トレーニングも重要である（p.122）。投球動作を開始する時は、距離や投球数を段階的に上げていく。

予防

　投球動作は下半身から体幹、そして肩・肘・手指に及ぶ全身の運動連鎖で成り立っている。下肢や体幹に生じた問題は、肩や肘にかかる負担を増大させる。普段から投球動作に重要となる部位のストレッチを行うなど、全身のコンディショニングが重要である。セルフチェックできるポイントは自分で行っていく。

> **POINT**
>
> **投球障害肩はリハビリで治すが、まずは予防が大事。肩だけでなく、下半身や体幹が重要であることを忘れずに。**

Q. 成人の投球動作による肩の痛みでは、肩の後方が硬くなっていることが多い。この硬くなることを何と呼ぶか。

肩関節脱臼

一度、肩関節を脱臼すると再度脱臼を繰り返すことが多い。これは、肩関節の安定性に重要な関節唇などが脱臼時に損傷し、治癒しにくいからである。繰り返す脱臼や、脱臼不安感のためパフォーマンスが出せない場合、手術が選択肢となる。

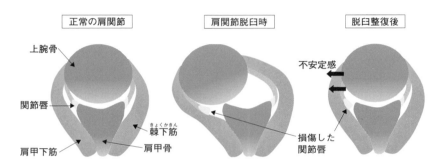

| 正常の肩関節 | 肩関節脱臼時 | 脱臼整復後 |

上腕骨
関節唇
肩甲下筋
棘下筋（きょくかきん）
肩甲骨
不安定感
損傷した関節唇

頻度の高いスポーツ種目

ラグビー、柔道、アメリカンフットボール、野球

受傷機転

ラグビーのタックルなどのコンタクトプレーで生じることが多い。野球でヘッドスライディングをした際などにも生じる。

症状

脱臼時は肩の痛みが強く、動かすことも困難であり、前方にずれた上腕骨頭のため、肩の輪郭が変わる。整復されると、痛みは軽減する。脱臼しても自然に整復される状態を亜脱臼と呼ぶ。何度も脱臼や亜脱臼を繰り返すと、肩を特定の位置に挙上すると脱臼しそうな不安感が生じる。この肩の不安感のため、ラグビーではタックルに、野球では投球動作に、バレーボールではスパイクに支障を来すことがあり、パフォーマンスに大きな影響を与える。

　　一問一答 023
　　　　A.　タイトネス

検査・診断

脱臼を繰り返している選手は、本人の感覚で脱臼したと分かる。また、単純X線検査では脱臼が明らかである。MRI検査では関節唇の損傷を認める。

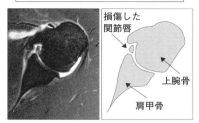

肩関節のMRI像（水平にスライスした図）

損傷した関節唇
上腕骨
肩甲骨

治療

脱臼が生じた場合、専門家による速やかな整復を行う。整復後に2〜3週間の三角巾などによる固定を行うが、再脱臼の予防効果は高くない。筋力トレーニングは重要だが、関節唇などが果たす肩の安定性の役割を代償することはできず、再脱臼を繰り返す場合の根本的な治療は手術となる。術後の競技復帰には通常4〜6か月以上を要する。

リハビリのポイント

固定を外した後は、拘縮が生じないよう、可動域を改善させることが重要である。筋力トレーニングは最初は軽い負荷から開始し（p.134）、重い負荷へと移行させていく。バンザイに近い肩のポジションでは、脱臼を生じやすいため、そのポジションを取らないように注意する。

予防

テーピングや装具を用いても、脱臼を完全に予防することは難しい。例えばラグビーでは、正しいタックルスキルの獲得（p.149）および十分な筋力トレーニングは重要な要素となるが、確実に脱臼を予防できる手段がないのが現実である。

> **POINT**
> 「脱臼はクセになる」と表現されるが、実際、肩関節脱臼は繰り返すことが多い。筋トレでは治らず、確実に予防するならば手術が必要。

Q. 肩関節脱臼は一度受傷すると再度繰り返すことが多い。何という組織が損傷するため、安定性が失われるのか。

C
・スポーツのケガ
・故障の知識

その他（肩）

肩鎖関節脱臼

症状・検査

　肩鎖関節は肩甲骨と鎖骨のなす関節であり、肩甲骨と上腕骨のなす肩関節とは異なる。ラグビーなどのコンタクトスポーツに多く、転倒して肩から地面に落ちた時など、肩を直接打撲して受傷する。肩の痛みのため肩を動かすことが難しく、プレーの継続が困難となる。外観上、鎖骨の端が浮き上がって見える。肩鎖関節を触れて痛みがあることや、単純X線検査により診断される。

| 肩鎖関節脱臼 | 肩鎖関節脱臼の単純X線像 |

脱臼した肩鎖関節　肩甲骨　三角筋　鎖骨　腱板　肩甲骨　上腕骨　関節唇

脱臼した肩鎖関節　鎖骨　肩甲骨　助骨　上腕骨

治療・リハビリ・予防

　肩関節脱臼と異なり、徒手的な整復は不可能であり、整復は行わない（行おうとすると、痛みを助長する）。受傷後は、安静の保持と痛みの軽減のため、三角巾などで固定する。手術以外で肩鎖関節を元の位置に戻すことは不可能だが、ラグビーなどの競技では肩甲骨を安定させるリハビリにより（p.150）、競技復帰できることが多い。治療方針は専門の医師と十分に話し合う。

腱板損傷（腱板断裂）

症状・検査

　腱板とは肩に４つある**インナーマッスル**（肩甲下筋・棘 上 筋・棘 下 筋・小 円筋）が上腕骨に付着する腱の部分を指す。これらの筋肉は肩の動きや安定性に重要な役割を果たす。腱板が損傷する原因として、①野球などの投球動作、②転倒などの外傷、③明確な原因なく加齢に伴うケースなどがあり、主な症状は肩の挙上に伴う痛みである。痛みが強くあまり動かしていないと、拘縮を来す。診断には超音波検査やMRI検査が行われるが、中高年者では症状のない人でも、腱板に損傷を認めることがある。

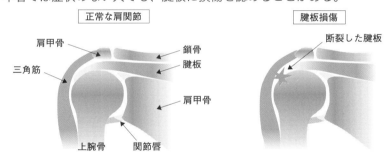

正常な肩関節
肩甲骨
三角筋
鎖骨
腱板
肩甲骨
上腕骨　関節唇

腱板損傷
断裂した腱板

治療・リハビリ・予防

　損傷した腱板は自然治癒しないが、**リハビリ**により肩の機能が改善すれば、痛みは軽減〜消失する。投球動作が原因の腱板損傷の治療は、「投球障害肩（成人）」の治療に準じる（p.66）。安静時痛や夜間時痛がある場合は消炎鎮痛剤の内服や注射を併用する。保存治療で十分な効果が得られない場合、手術が選択される。

Q. 肩にある４つのインナーマッスルが上腕骨に付着する腱性の部位のことを何と呼ぶか。

野球肘（成長期）

野球肘は、投球動作で生じる肘周囲の痛みの総称である。障害部位が内側型（内側 上 顆の障害）か外側型（上腕骨小頭の離断性骨軟骨炎）かにより、治療経過が大きく異なる。

頻度の高いスポーツ種目

野球、（テニスや器械体操で離断性骨軟骨炎が生じることもある）

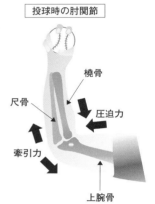

投球時の肘関節

橈骨

尺骨

圧迫力

牽引力

上腕骨

受傷機転

内側型、外側型ともに繰り返す投球動作で痛みが生じるケースが圧倒的に多く、頻度は圧倒的に内側型が多い。

症状

内側型では投球動作時の肘の内側の痛みを、外側型では外側の痛みを生じる。外側型では、痛みを自覚した時には病変がすでに進行していることもある。内側型の場合、日常生活上の支障を残す経過に至ることはまれだが、外側型の場合、進行すると変形性肘関節症を生じて肘の可動域が制限され、日常生活に支障を来す。

検査・診断

内側型、外側型ともに単純X線検査は必須である。最近は超音波検査が用いられることも多い。外側型の場合、MRI検査による評価が治療の方向性を決める。

治療

内側型の多くは、投球動作の禁止とリハビリによる保存治療で軽快する。

ある１球で受傷した場合、骨端部の骨折を生じていることがあり、骨折に準じたギプス固定や、手術が行われることもある。外側型の場合、初期であれば投球動作を禁止して自然修復されるのを

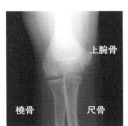

肘関節の単純Ｘ線像
（正面から見た図）

上腕骨

橈骨　　尺骨

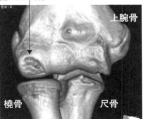

肘関節の三次元ＣＴ像
（前方から見た図）

傷んだ軟骨

上腕骨

橈骨　　尺骨

待つが、治癒には６か月から１年以上かかることもある。進行している場合、損傷の状態に応じて手術が選択される。

リハビリのポイント

リハビリは投球障害肩（成長期）に準ずる（p.65）。投球動作を休止している期間は、体幹や下半身などで、運動連鎖で問題のある部位に対してのアプローチが重要である。子供の場合は、投球フォームのみでなく、ボールの握り方などもチェックしておく。投球動作の再開に当たっては、軽い投球を短い距離から開始し、段階的に上げていく。

予防

大切なことは、投球数の管理や適切な投球フォームの習得、適切なコンディションの管理などであり、障害を未然に防ぐことである。また、進行した外側型の障害による日常生活に及ぶ後遺症をなくすために、早期に障害を発見することも大切である。近年は徳島県に始まった野球肘検診が全国に広まりつつあり、楽しく野球を継続できる環境が整備されつつある。

POINT

外側型では、治療が長期にわたるケースもある。予防を第一に心がけ、投球数や投球フォーム、肩や肘の状態に常に気を配ろう。

Q. □を埋めよ。小児の野球肘で頻度が多いのは 　　　　　 型であり、その多くは保存治療で改善する。

野球肘（成人）

・・・

成長期を終えた選手の投球時の肘の痛みでは、内側側副靭帯損傷、後方インピンジメント、変形性肘関節症、肘頭疲労骨折、尺骨神経障害など多彩な障害が生じる。基本は保存治療だが、それぞれの病態に応じた治療が必要となる。

・・・

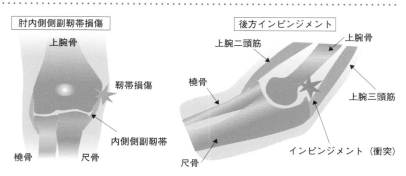

頻度の高いスポーツ種目

野球（変形性肘関節症はテニスや柔道などでも生じる）

受傷機転

繰り返される投球動作により負荷が蓄積し、徐々に痛みを生じる場合が多い。また、ある1球で痛みのため投球不能になることもある。

症状

内側側副靭帯損傷では、投球時の肘の内側の痛みが主な症状である。後方インピンジメントでは、ボールリリースからフォロースルーにかけて、肘の後方の痛みを訴える。変形性肘関節症では可動域制限を認める。肘の内側を通過する尺骨神経が障害を受けると、小指にしびれを来す。

検査・診断

単純X線検査、CT検査、MRI検査を組み合わせて診断される。

治療

　いずれの場合でもまずは保存治療が行われるが、改善しない場合には手術が選択肢となる。内側側副靭帯損傷では、靭帯再建術が行われるが、競技レベルなども含めて、慎重な判断が必要である。完全復帰には8か月〜1年を要する。後方インピンジメントや変形性肘関節症の関節鏡手術では、術後早期から可動域訓練を行い、術後3〜4か月以降での復帰を目指す。

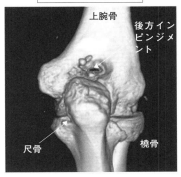

肘関節の三次元CT像
（後方から見た図）

上腕骨
後方インピンジメント
尺骨
橈骨

C
・スポーツのケガ
・故障の知識

リハビリのポイント

　リハビリは投球障害肩（成長期）に準じる（p.67）。投球動作の運動連鎖のどこかに問題があり、肩や肘に過剰な負荷が加わっている。蓄積された肩の後方タイトネスや下肢・体幹の問題を解決することが、投球時の肩や肘への負荷の軽減につながる。また、投球動作で必要な体重の移動、股関節の使い方など、野球の専門家による指導も重要である。

予防

　野球歴が長いと肘にも相応の負荷が蓄積されており、プロ野球入団時には、靭帯損傷を持つ選手も少なくないという調査報告もある。しかし、徹底したコンディショニングにより、高いレベルでの投球ができている。一般レベルでは、アスレティックトレーナーなどの身体を管理する専門家がいるチームは少ないため、自己管理が重要となる。

POINT

　いずれの場合も基本はリハビリである。手術は傷んだ肘を元通りにリセットするものではなく、術後もリハビリが肝となる。

Q.　大人の野球肘で損傷する頻度の高い肘の内側にある靭帯は何か。

7-3

テニス肘

テニス肘は、手関節を反らす筋肉 (手関節背屈筋群) の始まりの部分に負担が蓄積し、肘の外側に痛みを生じるものを指す。テニス以外のスポーツや日常生活で痛めることもあり、多くの場合は保存治療で治癒が望める。内側の痛みの場合、ゴルフ肘と呼ばれることがある。

頻度の高いスポーツ種目

テニス

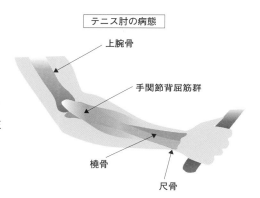

テニス肘の病態

上腕骨

手関節背屈筋群

橈骨

尺骨

受傷機転

テニスのバックハンドストロークのインパクトで痛みを生じることが多い。

症状

テニスのバックハンドストローク時の痛みが主な症状である。人はものを握って持つ時、手関節をやや反らすことで、しっかりと握ることができる。手関節を反らす動作では手関節背屈筋群が働くため、その始まりである肘の外側（上腕骨外側上顆）には負担がかかる。そのため、ものを握って持つ時やパソコンのタイピング動作でも痛みが生じる。テニスをしていなくても、この症状がある場合、テニス肘と呼ばれる。

検査・診断

手関節背屈筋群の始まりである肘の外側の痛みが明確であり、診断はつきやすい。単純 X 線検査では異常がなく、必要に応じて MRI 検査が行われる。

A.　内側側副靭帯

治療

　痛みの程度に応じて、プ
レーを休止し局所の安静を
図る。日常生活でも痛みが
ある場合、重いものは反対
の手で持つ、パソコンの
キーボード操作時に手の下

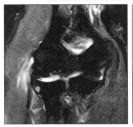
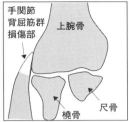

肘関節の MRI 像（正面から見た図）

手関節背屈筋群損傷部／上腕骨／橈骨／尺骨

にクッションを置くなどの配慮をする。手関節背屈筋群の**ストレッチ**を行い
ながら、痛みの軽減とともに、段階的に競技復帰する。テニス肘バンドを用
いるのも有効である。改善が見られない場合、局所への注射やまれに手術が
行われる。

リハビリのポイント

　手関節背屈筋群のストレッチやマッサージが重要となる。手の甲が上を向
くように前方に出し、反対の手で手関節をゆっくり掌屈（しょうくつ）させながら、上肢
全体を前方挙上させていくと、手関節背屈筋群が引き伸ばされる
（p.115）。また、痛みの軽減に応じて握力や前腕の筋肉を強化していく。

予防

　再発予防には、手関節背屈筋群のみでなく、上腕や肩のストレッチや筋力
トレーニングも行っておく必要がある。また、シニアで始めた人に生じるこ
とも多く、レベルが同程度の人同士でテニスを行うことや、バックハンドス
トロークは両手で行うなど、無理のない競技を心がける。

C

・スポーツのケガ
・故障の知識

POINT

**テニス肘は適切に治療すれば治ることが多いので、手関節背屈筋群のスト
レッチを中心としたリハビリを。**

一問一答　028

Q.　テニス肘で痛みの出る部位は手関節を動かす筋肉の始まりである。手関節をどのように
動かす筋肉か。

その他（肘・手関節・手指）

ひじかんせつだっきゅう
肘関節脱 臼

症状・検査

　転倒時に肘を伸ばして手をつき、肘が正常範囲を超えて伸展した場合に脱臼が生じる。通常痛みが強く動かせなくなる。柔道やレスリングなどのスポーツに多い。脱臼を繰り返すことは少ないが、脱臼時に生じた靭帯損傷の影響で、不安定感を残すことがある。脱臼時に骨折を伴うこともある。幼児期に腕を引っ張られて肘を動かせなくなる「肘内障」は、脱臼とは根本的に異なり、後遺症を残さない。

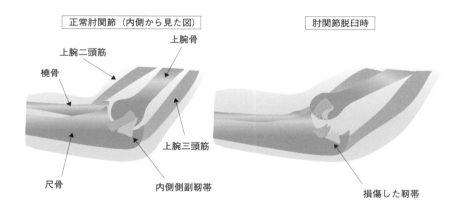

正常肘関節（内側から見た図）
肘関節脱臼時
上腕骨
上腕二頭筋
橈骨
上腕三頭筋
尺骨
内側側副靭帯
損傷した靭帯

治療・リハビリ・予防

　現場では肘関節脱臼の有無の判別は難しい。もし肘を動かせない、あるいは変形を認めるようであれば、医療機関を受診し速やかに整復してもらう。整復後は２〜３週間のシーネ固定を行い、局所の安静を保つ。固定を外した後は、可動域訓練を開始し、徐々に筋力訓練も行う。骨折を伴う場合や靭帯損傷による不安定性が強い場合、手術が必要になることもある。

A.　手関節を反らす動き（背屈）

三角線維軟骨複合体損傷 （TFCC損傷）
（さんかくせんいなんこつふくごうたいそんしょう）

症状・検査

　手関節の小指側にある三角線維軟骨複合体（英語で略してTFCCと呼ぶ）は、手関節を安定させる役割をする軟骨である。手に繰り返し負荷が加わるゴルフやテニスのほか、コンタクトスポーツや器械体操などで手を強く突く・捻る動作で受傷する。スポーツ動作のみでなく、ペットボトルのフタを開けるなどの、手を捻る動作で痛みが出ることもある。野球やゴルフ選手のグリップ部分で生じる有鉤骨の骨折と痛みの部位は近い。

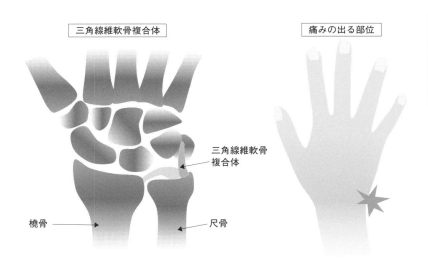

三角線維軟骨複合体

痛みの出る部位

三角線維軟骨複合体

橈骨　　尺骨

治療・リハビリ・予防

　まずは痛みの出るスポーツ動作を休止し、手関節の負荷を減らす。痛みが強い場合、サポーターなどで局所の安静を保ち、日常動作でも手を捻る動作は控える。痛みの軽減に伴い、TFCCの近くを走行する尺側手根伸筋（しゃくそくしゅこんしんきん）や尺側手根屈筋（しゃくそくしゅこんくつきん）のストレッチ、握力強化、手関節周囲の筋力トレーニングを行う。競技の再開に当たっては、装具の着用やテーピングなども考慮する。

Q.　転倒時に肘を伸ばしてつき、肘が正常可動域を超えて生じる外傷は何か。

突き指（槌指も含む）

<ruby>槌指<rt>つちゆび</rt></ruby>

症状・検査

　突き指とは、ボールなどが指に当たり、関節を安定させる靭帯などの組織が損傷することを指す。バレーボールやバスケットボールでは、突き指をする機会が多い。通常、一定期間の経過で、痛みや腫れが引いて自然に治ることが多いが、槌指（マレットフィンガー）のように剝離骨折を伴っていても、単なる突き指と思って放置してしまうこともある。

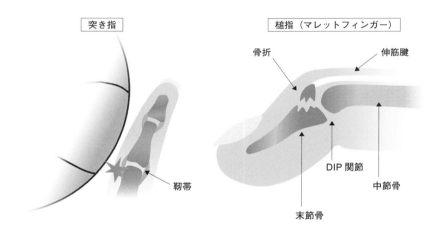

突き指

槌指（マレットフィンガー）

骨折　　　　　　　　　　　伸筋腱

DIP 関節

靭帯　　　　　　　　　　中節骨

末節骨

治療・リハビリ・予防

　突き指した場合、まずはアイシングと固定により局所の安静を保つことが重要である。槌指は DIP 関節を伸展させる腱の付着部が骨折しており、放置すると DIP 関節を伸展できなくなる。受傷時、痛みや腫れの程度が通常の突き指と大きく変わらなくても、DIP 関節を伸ばせない場合は、医療機関を受診する。治療は、金属ワイヤーで骨を固定する局所麻酔の手術が行われることが多い。

　　A．肘関節脱臼

スポーツの名前のついた指のケガ

ラグビージャージフィンガー

　ラグビーなどで、相手選手のジャージを指で捕まえた時に、屈曲していたDIP関節が急に伸展を強制され、深指屈筋腱が断裂することを指す。DIP関節を自分で屈曲できなくなるため、手術で修復する必要がある。

スキーヤーズサム

　スキー中に握ったストックにより母指MP関節が正常可動域を超えて動き、尺側側副靭帯が損傷することを指す。バレーボールではブロック時に母指や小指のMP関節側副靭帯損傷が生じることがある。初期に適切な固定を行う必要があり、不安定性が大きな場合、手術が必要になる。

ボクサー骨折

　小指や薬指の中手骨が拳の突きによって骨折するものを指す。変形がひどい場合、金属ワイヤーで固定する手術が必要となる。骨折部が癒合すれば競技復帰が可能となる。

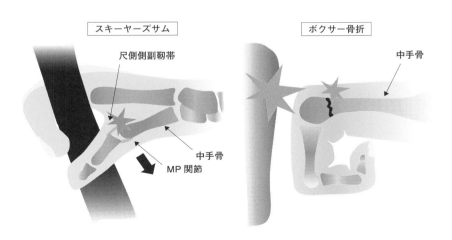

スキーヤーズサム

尺側側副靭帯

中手骨

MP関節

ボクサー骨折

中手骨

Q.　突き指と同じ受傷機転で、伸筋腱が付着する末節骨で骨折を生じるものを何と呼ぶか。

股関節周辺の痛み

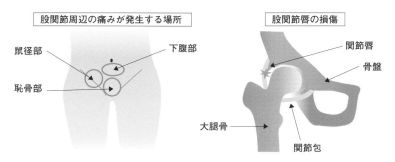

| 股関節周辺の痛みが発生する場所 | 股関節唇の損傷 |

鼠径部
下腹部
恥骨部

関節唇
骨盤
大腿骨
関節包

症状・検査

　サッカー選手に多い股関節（鼠径部）周辺の痛みは、過去に「スポーツヘルニア」という診断名で呼ばれたことがある。股関節周辺の痛みの原因を同定するのは難しく、明らかな外傷や骨折などの診断名がつかない股関節周辺の痛みを「鼠径部痛（グロインペイン）症候群」と呼ぶ。近年は股関節唇損傷や FAI* といった股関節内の障害が股関節の痛みの原因になると言われている。

　＊ FAI（Femoroacetabular Impingement）：大腿骨と寛骨臼 の衝突

治療・リハビリ・予防

　治療の基本はリハビリである（p.146）。痛みが慢性化すると、内転筋のほか、股関節周囲や大腿の筋肉の柔軟性が低下するため、これらのタイトネスを改善させる。また、体幹の強化も重要である。サッカー選手では片手あるいは両手で支持棒を把持しての下肢スイングによる体幹と下肢の協調運動を行う。リハビリで改善がなく、FAI や股関節唇損傷の診断が確定している場合、関節鏡手術が行われることもある。

> **POINT**
>
> 股関節周辺の痛みの原因を確定するのは専門家でも難しいが、治療の原則はリハビリである。

　　A．マレットフィンガー（槌指）

骨 盤 裂 離 骨 折

症状・検査

体幹と下肢の中継となる骨盤は数多くの筋肉の付着部がある。**成長期**では筋付着部の骨が成熟しておらず、ある動作で筋肉に引っ張られた際に、**裂離骨折**を起こしやすい。サッカーや体操に多く、競技中に骨盤部の突然の痛みを訴えることもある。**ハムストリング**が付着する坐骨結節、**大腿直筋**・縫工_{きん}筋・大腿筋膜張筋_{だいたいきんまくちょうきん}が付着する腸骨_{ちょうこつ}、腸腰筋や中殿筋が付着する大腿骨に発生しやすい。

治療・リハビリ・予防

基本は**保存治療**で骨折の治療が得られる。受傷後数週は患部を**安静**にし、ストレッチを開始する。徐々にジョギングを開始し、数ヵ月後の復帰を目指す。筋肉の**柔軟性**が低下していることが、一つの原因になるため、復帰に際しては十分なコンディショニングが重要である。裂離した骨の転位が大きい場合は、手術が必要になることもある。

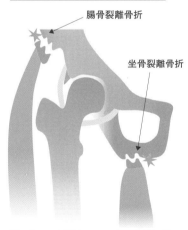

骨盤裂離骨折がよく発生する場所

腸骨裂離骨折

坐骨裂離骨折

縫工筋　　大腿骨　　ハムストリング

C
・スポーツのケガ
・故障の知識

POINT

骨盤裂離骨折は成長期に多く保存治療が原則である。再発を起こさないためにもリハビリが重要である。

Q. 明らかな骨折や脱臼などの診断がつかない股関節周辺の痛みを総称して何と呼ぶか。

前十字靭帯損傷

膝関節（ひざかんせつ）の靭帯の中でも、前十字靭帯（ぜんじゅうじじんたい）は膝関節の安定性に極めて重要な役割をしている。前十字靭帯損傷により膝関節が不安定になると、ジャンプ動作や切り返し動作が必要なスポーツでは受傷前のパフォーマンスを出せなくなるため、手術が勧められる。

頻度の高いスポーツ種目

バスケットボール、ハンドボール、バドミントン、スキー、サッカー、ラグビー、柔道など

受傷機転

ジャンプの着地や踏ん張った際に膝を捻って受傷することが多い（非接触性）。直接膝をぶつけて受傷することは少ない。

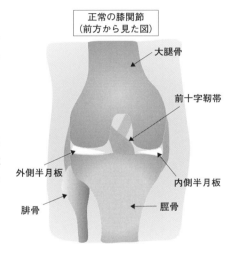

正常の膝関節
（前方から見た図）

大腿骨

前十字靭帯

外側半月板

内側半月板

腓骨

脛骨

症　状

受傷した直後は、痛みのためプレーの続行が困難となり、歩行にも支障を来す。損傷した靭帯から出血するため、膝関節は腫れる。受傷後数週経過すると、腫れは軽減し、可動域も改善し、歩行も元通りできるようになる。受傷後数か月すると軽い運動もできるようになるが、切り返し動作やジャンプの着地時に再び膝がガクンと外れることがあり（膝くずれ）、再度痛みや腫れが生じ、軟骨や半月板の損傷が悪化する。

A．鼠径部痛症候群（グロインペイン症候群）

検査・診断

　専門家による徒手検査で診断されるが、MRI検査は必須である。

治療

　受傷直後は膝装具（なければシーネ）で固定し、膝関節を安静にする（RICE処置）。しかし、長期間の固定は膝の可動域制限を招くため、可動域訓練を痛みや腫れに応じて進めていく。前十字靭帯は自然治癒が期待できず、膝付近にあるハムストリング腱や膝外腱を用いて再建する。手術により、受傷前のパフォーマンスに戻ることが可能となるが、術後のリハビリを徹底して行う必要がある（p.128）。

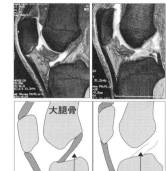

膝関節のMRI像
（側面から見た図）

正常　　　　受傷側

大腿骨

脛骨

前十字靭帯　断裂した前十字靭帯

リハビリのポイント

　術後は松葉杖歩行だが、可動域訓練は早期から開始する。松葉杖は通常、数週で不要となる。3〜4か月後からジョギングやランニングを行い、約8か月から1年経過した後のスポーツ競技復帰を目指す。

予防

　バスケットボールにおける前十字靭帯損傷予防プログラムなど、一定の効果を上げている予防のエクササイズもある。膝が内に入るような走り方やジャンプの着地をする人は受傷しやすいため、改善が必要である。術後の再断裂を防ぐためにも、リハビリは極めて重要である。

> **POINT**
>
> **前十字靭帯を損傷した場合、手術が第一選択となり、復帰まで長期間かかる。リハビリをしっかり行いたい。**

Q.　前十字靭帯損傷はどのようにして受傷することが多いか。

半月板損傷

半月板は膝の大腿骨と脛骨（けいこつ）の間にある、クッションの役割をする軟骨の一種で、内側と外側に1つずつある。半月のような形をしていることから半月板と呼ばれる。一度損傷した半月板は自然治癒せず、手術が必要なこともある。

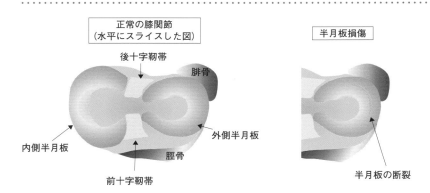

正常の膝関節
（水平にスライスした図）

後十字靭帯

腓骨

外側半月板

内側半月板

脛骨

前十字靭帯

半月板損傷

半月板の断裂

頻度の高いスポーツ種目

サッカー、野球、ラグビー、柔道、相撲、バスケットボールなど多くのスポーツ

受傷機転

膝を捻って1回のケガで損傷する場合と、加齢とともに徐々に傷んでくる場合がある。直接膝をぶつけて損傷することはまれである。

症状

膝を捻る動作での痛み、膝の曲げ伸ばしでの引っかかり感、膝の腫れなどが主な症状である。損傷した半月板が関節に挟まりロッキングが生じると、膝を伸ばせなくなる。前十字靭帯損傷に合併して損傷することも多い。中高年者で外傷歴のない痛みの場合、軟骨がすり減る疾患である変形性膝関節症（へんけいせいひざかんせつしょう）の症状のこともある。

A．ジャンプの着地や方向転換などで膝を捻って受傷することが多い（非接触性の受傷）

検査・診断

MRI 検査で診断されるが、半月板損傷を認めても無症状のケースもあり、徒手検査や症状と組み合わせて診断される。半月板は軟骨なので、単純X線検査では写らない。

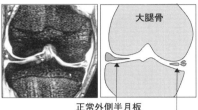

膝関節の MRI 像（正面から見た図）

大腿骨

正常外側半月板

断裂した内側半月板

治療

膝の腫れがある時は、ランニングやジャンプなど膝に体重負荷がかかる動作は控える。症状が軽度の場合、運動量の調整やリハビリにより、再度プレー可能になることもある。痛みや引っかかり感が続くケースやロッキングしている場合は手術が選択される。断裂した半月板を治す縫合術が可能な例は少ないため、半月板部分切除術が行われることが多い。将来的に軟骨が傷むリスクは縫合術より切除術で高い。

リハビリのポイント

保存治療では、大腿四頭筋を強化したい（p.130）。また、股関節周囲や殿部の強化も必要である。半月板部分切除術を行った場合、術後早期から可動域訓練や歩行を開始するが、縫合術を行った後は歩行や可動域訓練を制限することが多い。

予防

股関節の動きが硬いと膝の動きにも影響が出るため、股関節周囲の十分なストレッチが必要である。筋力低下や体重が重いことはリスクになるので注意が必要である。

> **POINT**
>
> 膝のクッションである半月板が損傷すると、長い経過で軟骨が傷むこともあるため、筋力訓練などのリハビリが重要。

一問一答　033

Q. 半月板損傷で手術が必要な場合として、損傷した半月板が関節にはまり、膝が伸びなくなる場合が挙げられる。この状態を何と呼ぶか。

後十字靭帯損傷
内側側副靭帯損傷

後十字靭帯損傷あるいは内側側副靭帯損傷が生じても、リハビリを適切に行え
ば、手術を要することなくスポーツ復帰できることが多い。同時に複数の靭帯が
損傷した場合、不安定性が大きく手術が必要となる。

頻度の高いスポーツ種目

サッカー、ラグビー、柔道、相撲、バスケットボールなど

受傷機転

後十字靭帯損傷は、膝を地面
や床に直接ぶつけて受傷する。
内側側副靭帯損傷は膝の外側か
ら外力を受けて受傷する。

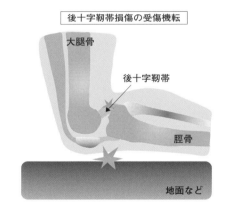

後十字靭帯損傷の受傷機転

大腿骨

後十字靭帯

脛骨

地面など

症状

後十字靭帯損傷、内側側副靭
帯損傷のどちらの場合も受傷直
後は、疼痛のためプレーの継続
が困難となる。内側側副靭帯損傷では膝の内側の痛みが生じる。筋力が回復
するまでは、不安定感を感じることもある。複数の靭帯が損傷した場合、痛
みの程度や腫れも強く、歩行も困難である。急性期を過ぎても、日常生活レ
ベルで不便を感じるほど、不安定感が残存することもある。内側側副靭帯の
浅い層のみの損傷では膝関節に血は溜まらない。

A．ロッキング

検査・診断

専門家による徒手検査で診断される。MRI 検査は必須で、合併損傷（靭帯・半月板・軟骨など）の有無についても診断する。

治療

受傷直後は RICE 処置を行い、膝装具（なければシーネ）で患部を安静にする。痛みに応じて可動域訓練と筋力訓練を開始する。不安定性が残存するケースでは、手術を行うこともある。複数の靭帯が損傷した場合、早急に手術をした方がよいという意見と可動域や筋力が回復してから手術をした方がよいという意見がある。

リハビリのポイント

長期間の固定は、可動域制限を招くため、痛みに応じて可動域訓練を早期から開始する。後十字靭帯損傷では特に大腿四頭筋を強化することが安定性の回復に重要である。内側側副靭帯損傷では膝が内に入らないような動作を習得することも必要である（p.131）。

予防

一度の外傷で生じるため、その予防は難しい。一度損傷した後は、再受傷しないため、筋力訓練や下半身の使い方を改善するリハビリが重要となる。

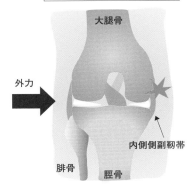

内側側副靭帯損傷の受傷機転

大腿骨

外力

内側側副靭帯

腓骨

脛骨

POINT

前十字靭帯損傷と異なり、リハビリで膝の機能を回復させて治す。複数の靭帯が損傷した場合、手術を念頭に置く。

Q．膝の靭帯や半月板は単純 X 線検査では写らない。靭帯や半月板の状態を調べるのに有用な検査は何か。

ジャンパー膝

ジャンプが多いスポーツ競技に発生しやすい。太ももの前にある大腿四頭筋は、膝蓋骨を包んで膝蓋腱に移行し、脛骨粗面に付着する。この膝蓋腱に繰り返しの負荷がかかり、痛みが生じることをジャンパー膝と呼び、運動量の調整とリハビリで対応する。

頻度の高いスポーツ種目

バレーボール、バスケットボール、ハンドボール、陸上競技

受傷機転

ジャンプやその着地動作では、大腿四頭筋の働きが大きく、膝蓋腱への負荷が増大する。この負荷が繰り返され、過剰になると痛みが生じる。

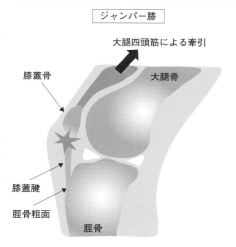

ジャンパー膝

大腿四頭筋による牽引

膝蓋骨
大腿骨
膝蓋腱
脛骨粗面
脛骨

症状

ランニングやジャンプ動作で痛みが生じる。膝蓋骨の端（膝蓋腱の始まり）を押すと痛みがある。症状が軽い時は、スポーツ後の痛みにとどまるが、ひどいケースではスポーツ中あるいは日常生活（特に階段昇り降り）でも痛みが生じる。可動域制限が出ることは少ない。

検査・診断

痛みの部位、スクワット動作などの大腿四頭筋に力を入れた時に出る痛みをみて診断される。腱は単純 X 線検査では写らないため、超音波検査で腱の肥厚や炎症による血流の増加が確認される。ひどい場合は MRI 検査を行うこともある。

A．MRI 検査

治療

通常保存治療が行われ、痛みの程度に応じた運動量の調整とリハビリが行われる。痛みによっては、一定期間の運動休止を要することもある。大腿部・殿部のタイトネスや姿勢不良など、大腿四頭筋に負荷のかかり

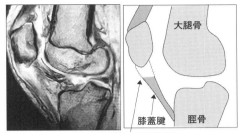

膝関節の MRI 像（側面から見た図）

大腿骨

膝蓋腱　脛骨

白く見える損傷部

やすいコンディションのことも多く、これらを改善するリハビリが重要となる。

リハビリのポイント

大腿四頭筋のストレッチは最も大切なリハビリとなる（p.143）。大腿四頭筋は股関節と膝関節をまたぐ筋肉であり、股関節周囲のストレッチも重要である。また、普段から姿勢の改善、体幹トレーニング、適切なスクワット姿勢を保つ基本動作トレーニングなどを行っていく。

予防

ストレッチを怠っているとタイトネスが生じ、同じスポーツ動作でも、関節や筋肉に過剰な負荷がかかるコンディションになる。そのため、普段から適切なストレッチを継続するようにしたい。ジャンプの着地動作で、膝が内側に入りすぎたポジションになっていないか、指導者にチェックしてもらうことも大切である。

　＊大腿四頭筋が膝蓋骨に付着する部位や、膝蓋腱が脛骨に付着する部位の痛みも、広義のジャンパー膝に含まれる。

POINT

症状の改善と悪化を繰り返すことも多いので運動量を調整するのみでなく、適切なリハビリが重要。

一問一答　035

Q．ランニングやジャンプ動作の繰り返しで生じるジャンパー膝において、ストレッチが重要となる大腿前面の筋肉は何か。

オスグッド病

成長期に生じる、頻度が高い膝のスポーツ障害である。痛みに応じた運動量の調整とリハビリで対応する。成長期の脛骨粗面は力学的に弱いため、ランニングなどで同部に繰り返し負荷が加わると痛みを生じやすい。
＊オスグッドというのは、このケガを最初に報告した米国の整形外科医の名前。

頻度の高いスポーツ種目

ジャンプあるいはランニングの多いスポーツ種目全般

受傷機転

ジャンパー膝と原因は同様であり、一度の外傷で生じるものではなく、繰り返される負荷により徐々に痛みが出現する。

オスグッド病

大腿四頭筋による牽引

膝蓋骨

大腿骨

膝蓋腱

骨端線（成長線）

脛骨粗面

脛骨

症状

ランニング時に膝の痛みがあり膝の前面にある脛骨粗面を押すと痛い。脛骨粗面は、大腿四頭筋の働きで繰り返し牽引された結果、隆起することも多い。ひどくなると歩行動作や階段の昇り降りなどの日常生活でも痛みが出現し、正座ができない場合もある。両膝に症状が出ることも多い。

検査・診断

脛骨粗面を押した時の痛みや同部位の隆起、単純 X 線検査により診断される。通常 MRI 検査は必要ない。

　　　一問一答　035
　　　　　A.　大腿四頭筋

治療

　痛みに応じた運動量の調整とリハビリが重要である。運動後にはアイシングを行う。痛みがひどい場合は、一定期間の運動休止を要する。運動休止中も**大腿四頭筋**や殿部周囲のストレッチ、下肢の基本

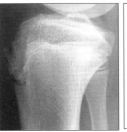

脛骨の単純 X 線像（側面から見た図）

骨端線

脛骨粗面の骨化遅延

動作トレーニングなどのリハビリが大切である。一度隆起した**脛骨**粗面は変わらないことが多いが、身長の伸びなどの成長に影響を及ぼす障害ではない。また、成長が止まると痛みが落ち着いてくる場合が多い。

リハビリのポイント

　ジャンパー膝と同様、**大腿四頭筋**のストレッチは最も大切である（p.143）。オスグッド病は成長期のスポーツ選手に生じるスポーツ障害であり、身長が伸びているから痛みが出るわけではない。指導者が運動量を考慮する必要があり、適切なストレッチを行うように指導する必要がある。

予防

　本人が運動時の痛みを自覚していなくても、同部を押すと痛みを訴えることもある（p.146）。ひどくなる前に運動量の調整とリハビリにより防ぐこともできるので、適切なストレッチと下肢のトレーニングで予防したい。

> **POINT**
>
> **痛みが軽いうちに治すのがベスト。痛みがひどい場合は、運動量の調整と、リハビリをしっかり行おう。**

Q.　成長期に生じる膝の痛みの原因として頻度の高い、膝蓋腱の脛骨への付着部に痛みを生じるスポーツ障害を何と呼ぶか。

その他（膝）

膝蓋骨脱臼
しつがいこつだっきゅう

症状・検査

　もともとの骨の形や、全身の関節が柔らかいことなどが影響し、膝を捻った際に、膝蓋骨が外側へ脱臼する。脱臼は自然に整復されることが多い。受傷直後は膝関節内に血が溜まり腫れる。また、脱臼時や修復時に膝蓋骨や大腿骨の関節面の一部を骨折することがある。膝蓋骨を外側へ押した時に、外れそうな不安感が残る。単純 X 線検査で膝蓋骨と大腿骨の形や位置関係を、MRI 検査で膝蓋骨の脱臼を防ぐ靭帯の損傷を調べる。

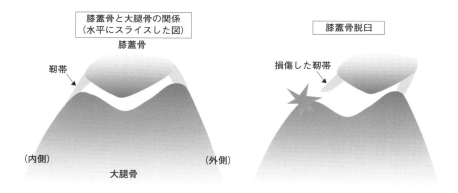

治療・リハビリ・予防

　膝蓋骨脱臼を繰り返す場合、リハビリのみで再脱臼を防ぐことは難しい。脱臼予防の装具もあるが、手術が脱臼を防ぐ唯一の手段となる。膝の使い方のリハビリも重要であり、ジャンプ着地時やスクワット時に膝が内側に入らないように注意する（p.131）。また、股関節周囲の筋力強化や、体幹の強化も重要となる。全身の関節が柔らかい人では、反対も膝蓋骨も脱臼を生じる可能性がある。初回受傷時でも関節面の骨折に対して手術を行うことがある。

　　　一問一答　036
　　　A.　オスグッド病

鵞足炎・腸脛靭帯炎
（が そくえん　ちょうけいじんたいえん）

症状・検査

　坐骨から始まり、大腿部の後面を通り、脛骨に付着する半腱様筋、半膜様筋、腓骨に付着する大腿二頭筋を合わせてハムストリングと呼ぶ。この中で、膝の裏から内側に回り込んでくる半腱様筋腱が脛骨に付着する部位はガチョウの足と似ていることから鵞足（が そく）と呼ばれる。また、太ももの外側には、大腿筋膜張筋から始まり、脛骨の外側に付着する腸脛靭帯がある（いわゆる靭帯とは異なる）。ランニングにより、これらの部位に生じた痛みをそれぞれ鵞足炎、腸脛靭帯炎と呼ぶ。単純 X 線検査や MRI 検査で捉えられる所見は少ない。

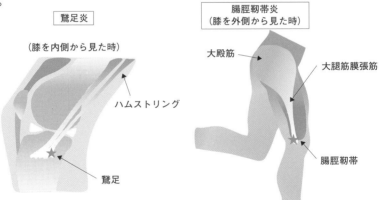

鵞足炎
（膝を内側から見た時）
ハムストリング
鵞足

腸脛靭帯炎
（膝を外側から見た時）
大殿筋
大腿筋膜張筋
腸脛靭帯

C・スポーツのケガ
・故障の知識

治療・リハビリ・予防

　保存治療が基本となる。痛みの程度に応じて、運動量やスピードの調整を行い、運動後はアイシングを行う。ランニングのフォームや、荷重時の下肢の姿勢も重要となる（p.127）。大腿部のタイトネスは、ストレッチにより改善しておきたい（p.143）。

※鵞足はほかに縫工筋や薄筋も付着する。

一問一答　037
Q.　大腿部の後面にある膝を曲げる筋肉で、大腿二頭筋、半腱様筋、半膜様筋を総称して何と呼ぶか。

足関節捻挫

足関節捻挫では足関節の外側にある靭帯を損傷することが多く、全スポーツ外傷の中でも頻度が高い。適切に治療を行わなければ、痛みや可動域制限などの後遺症を残し、捻挫を繰り返しやすくなるため、確実に治したい。

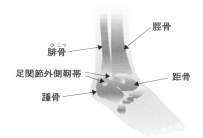

正常の足関節

腓骨
脛骨
足関節外側靭帯
距骨
踵骨

足関節の内がえし捻挫

足関節外側靭帯の損傷

頻度の高いスポーツ種目

　バスケットボール、バレーボール、サッカー、ラグビー、ハンドボール

受傷機転

　ジャンプの着地や切り返し動作で、足関節が内がえしとなり受傷することが多い。

症状

　内がえしで捻挫した場合、足関節の外側靭帯が損傷するため、外くるぶし周囲に腫れや痛みが生じる。腫れが強く、痛みのため立位や歩行が困難な場合は重度、腫れが軽く、歩行に支障がない場合は、軽度の捻挫といえる。何度も捻挫を繰り返していると、足関節の不安定感が出現する。また、靭帯損傷と同時に軟骨も損傷することがあり、その場合は腫れや痛みが長引く。

　　一問一答　037
　　A.　ハムストリング

検査・診断

単純 X 線検査で骨折の有無を確認する。靱帯損傷や合併した軟骨損傷の評価には MRI 検査を行う。

足関節外側の外観

アキレス腱
外くるぶし（腓骨）
踵骨
足関節外側靱帯

治療

受傷時は、RICE 処置を行う。重度の場合シーネや装具による固定を行い、まずは腫れと痛みを軽減させる。松葉杖も必要に応じて使用し、痛みの程度に応じて荷重歩行を行う。長期間の固定は、筋力低下や拘縮により足関節機能を著しく落とすため、固定は長くても数週で外す。軽度の場合、リハビリとテーピング、必要に応じて装具を使用する。

リハビリのポイント

足関節の固定中も、下腿の血液循環のために足の指はよく動かしておく。固定を外した後の、可動域訓練は十分に行う。また、足関節周囲の筋力訓練や、歩行やランニングに必要な筋肉のバランスを整える（P.136）。必要に応じて装具やサポーターを使用し、ジョギングから段階的に行っていく。競技復帰時にはテーピングも有効である。

予防

片脚でのスクワット、バランスボードを用いたバランストレーニング（p.126）、切り返し動作やジャンプ着地などの競技動作トレーニング（p.127）、体幹トレーニング（p.122）、様々なメニューが足関節捻挫の再発予防やパフォーマンス向上に有効である。

> **POINT**
>
> 足関節捻挫は初期の RICE 処置が大切。後遺症を残さず復帰し、捻挫を繰り返さないためには、リハビリが鍵となる。

Q. 足関節を内がえしで捻挫すると足関節の外側靱帯が損傷する。この靱帯は、外くるぶしに当たる何という骨と距骨をつないでいるか。

アキレス腱断裂

アキレス腱断裂は30〜40代に発生しやすい外傷であり、スポーツ復帰まで長期間かかる。保存治療でも治癒するが、競技レベルのスポーツ選手には手術が勧められる。再断裂の予防には、リハビリが重要となる。

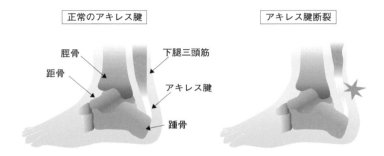

頻度の高いスポーツ種目

　テニス、バスケットボール、バレーボール、体操、バドミントン、剣道

受傷機転

　急激な切り返し動作、ダッシュなどで、下腿三頭筋（腓腹筋とヒラメ筋）に瞬時に大きな力が加わる際に受傷する。

症状

　実際そのようなことは起きていなくても、アキレス腱を蹴られた、後方からボールをぶつけられた、と受傷時の感覚を表現することが多い。ブチッと切れた音を自覚することもある。プレーの続行はできず、歩行は困難となる。下腿三頭筋による足関節の底屈はできなくなるが、他の筋肉の働きによる足関節の底屈はできるため、歩行が可能なこともある。

　　A．腓骨（外くるぶしの部分は外果とも呼ばれる）

検査・診断

アキレス腱の断裂部位はへこむ。下腿三頭筋の徒手検査で診断は容易につく。

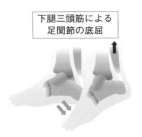

下腿三頭筋による
足関節の底屈

治療

保存治療では、断裂した腱が近づくように足関節を最大底屈位にしてギプスや装具で固定する。約２ヶ月間、底屈角度を徐々に減らしつつ、固定を続けると、アキレス腱は再びつながる。しかし、早期復帰や再断裂率を考慮すると、競技レベルのスポーツ選手には断裂した腱を縫合する手術が勧められる。術後の固定は短くて済むが、競技復帰には通常半年以上かかる。

リハビリのポイント

ギプスや装具で足関節が固定されていれば、歩行してよいが、固定を外した後の荷重は、アキレス腱に負荷が加わるため、慎重に行う。可動域訓練も十分に行う。片脚でのつま先立ちができるようになれば、ランニングが許可される。足関節底屈が必要なつま先立ちは、まず両脚から練習し、安定した後に片脚で練習する。

予防

再断裂の予防や、反対側のアキレス腱断裂を起こさないためにも、下腿三頭筋を十分にストレッチして柔軟にしておきたい（p.117, 126）。いわゆる「アキレス腱を伸ばすストレッチ」は、膝を伸ばして行えば腓腹筋を、膝を曲げて行えばヒラメ筋を伸ばせるので、両方やっておきたい。また、傾斜のある台でストレッチするのも有効である。

POINT

競技レベルのスポーツの選手には手術が勧められる。再断裂予防のストレッチやトレーニングも大切。

一問一答　039
Q. 急な切り返し動作やダッシュなどで、下腿三頭筋から踵骨へと続く腱が断裂するケガを何と呼ぶか。

C
・スポーツのケガ
・故障の知識

シンスプリント

シンスプリントはランニングによるスポーツ障害の代表であり、陸上選手に多く発生する。再発を繰り返しやすいので、適切な安静とリハビリで治したい。

頻度の高いスポーツ種目

陸上、ランニングを行うスポーツ全般

受傷機転

走る距離が多い競技者に発生しやすい。

症状

下腿の中下１／３の脛骨の内側部（弁慶の泣き所付近）に、ランニング時の痛みや押したときの痛みを生じる。押して痛い領域は上下に幅広い。また、本人に痛みの自覚がなく、押されて初めて痛みに気付くことがある。疲労骨折との区別は痛みの程度ではわからないため、医療機関での検査が必要である。両側に痛みを生じる場合も多い。

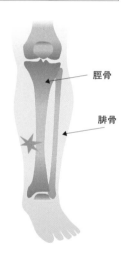

シンスプリントの痛みの部位

脛骨

腓骨

検査・診断

ランニングで下腿に痛みがあり、単純 X 線検査や MRI 検査で疲労骨折がないことが確認されて、診断される。

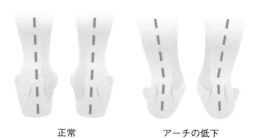

足部のアライメント不良

正常　　　　　アーチの低下

一問一答　039
A.　アキレス腱断裂

治療

　軽度の痛みであれば、リハビリやランニング量の調整で、競技を継続できる。単純X線検査で問題なくても、MRI検査で骨の内部に異常があれば疲労骨折の前段階である。足部のアーチが崩れて荷重バランスが良くない場合、インソールで足部のアーチをサポートすることも有効である。

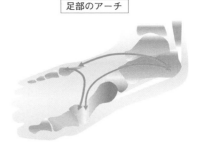
足部のアーチ

2つの縦アーチと横アーチからなる
ドーム状の足部のアーチ

C
・スポーツのケガ
・故障の知識

リハビリのポイント

　足関節を底屈させる筋肉のストレッチを十分に行い（p.155）、足関節の可動域を広げるようにしたい。また、ランニングやジャンプの着地の衝撃をうまく吸収するためにも、足部だけでなく、股関節周囲や大腿部の筋力強化、可動域の改善を行うことも大切である（p.116）。ランニングの再開時は、できるだけ硬くない地面で開始したい。

予防

　足の指や足関節周囲筋の強化行う。クッション性の良いシューズを選ぶことや、ダッシュは柔らかい地面で行うなどの、環境面にも配慮したい。本人がランニング時の痛みを自覚しておらず、押されて初めて痛みに気付くこともあるので、セルフチェックで早期に発見し、軽い状態の時に治したい。

POINT

シンスプリントは中学生から高校生の陸上選手に頻度が高い。疲労骨折に至る前に治しておきたい。

一問一答　040

Q.　ランニングやジャンプ動作で生じる痛みの代表的なもので、下腿（すね）の中下1／3に痛みを訴えるスポーツ障害を何と呼ぶか。

その他（下腿・足）

足関節インピンジメント（フットボーラーズアンクル）
_{あしかんせつ}

サッカーのキック動作では、インパクト時に足関節前方の軟骨や骨に負荷が加わる。この負荷が蓄積されると、同部の骨が増殖して骨棘が形成される。また、足関節捻挫で不安定性が残った場合、距骨が前方にずれて脛骨と衝突しやすくなり、骨棘が生じる。足関節のストレッチ、運動後のアイシング、テーピングなどで対応するが、支障が大きい場合、骨棘を切除する手術が行われる。

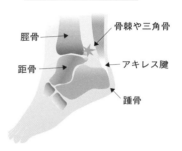

足関節インピンジメント

骨棘や三角骨

脛骨

距骨

アキレス腱

踵骨

有痛性三角骨、有痛性外脛骨
_{ゆうつうせいさんかくこつ　ゆうつうせいがいけいこつ}

三角骨とは、距骨の後方に生じる過剰骨で、正常人の10%に見られる。**クラシックバレエ**などで足関節の底屈が繰り返される際に、痛みを生じる。外脛骨とは、足の舟状骨の内側に生じる過剰骨（正常人の約15%に見られる）で、足の捻挫や運動負荷の繰り返しで痛みが生じる過剰骨自体は病的ではなく、多くの場合無症状である。有症状の場合、リハビリを中心とした保存治療が行われるが、ときに手術を要する場合もある。

クラシックバレエによる足関節底屈

A．シンスプリント

リスフラン靭帯損傷

　前足部を捻挫した際に中足骨と足根骨との関節（リスフラン関節）を安定させるリスフラン靭帯を損傷することがある。リスフラン関節には、立位や歩行で体重の負荷が大きく加わるため、受傷直後は荷重が困難となる。軽度の場合、足の捻挫として放置していることも多いが、症状が長引きやすい外傷であり、足趾や足関節周囲の筋力強化、荷重バランスなどのリハビリやテーピングを適切に行う必要がある。

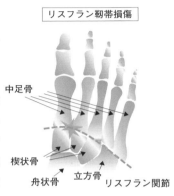

リスフラン靭帯損傷

中足骨
楔状骨
舟状骨
立方骨
リスフラン関節

C
スポーツのケガ・故障の知識

足底腱膜炎・アキレス腱炎

　足底腱膜は、踵骨と足趾の基節骨をつなぐ腱性の膜で、足のアーチの保持と荷重時の衝撃吸収に重要な役割を果たす。ランニングやジャンプでは負荷が加わり、中高年者のランニングで痛みを生じやすい。起床時や動き出しの痛みが特徴的で、下腿三頭筋のストレッチ、インソールによるアーチの補正などの保存治療を行う。また、アキレス腱に痛みが生じるものをアキレス腱炎と呼び、同様にストレッチを中心とした保存治療が行われる。

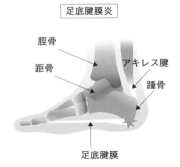

足底腱膜炎

脛骨
距骨
アキレス腱
踵骨
足底腱膜

一問一答　041
Q. 足部のアーチの保持や衝撃吸収などに重要な役割を果たす足底にある腱性の膜を何と呼ぶか。

11

骨 折

骨に大きな外力が加わり折れることを骨折と呼ぶ。「ヒビ」が入ったと表現されるものも骨折である。骨折すると痛みと腫れが出現し、外見が変形することもある。骨折はあらゆる部位の骨で生じうる。

骨折の治療の基本

現場では RICE 処置を行う（p.46）。骨折は、骨の細胞が増殖して自然に治癒することが期待できるが、整復（骨折のずれを戻す）や、固定（ギプスやシーネで骨折部の安静を保つ）により、治癒しやすい条件を整える必要がある。骨折のずれが大きい場合や早期からリハビリを開始した方が良い場合は、金属製のプレートやスクリューで固定する手術が行われる。

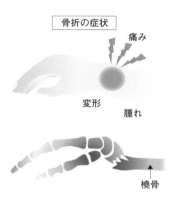

骨折の症状

痛み

変形

腫れ

橈骨

脊椎の骨折

高い位置からの落下などにより、脊椎が骨折することがあり、脱臼を伴う場合や骨が不安定で手術を要する場合以外は、安静で経過をみる（頚髄損傷については p.56）。

ギプス固定

前腕〜上腕の固定　　下腿の固定

ろっこつ
肋骨骨折

胸部を強打して受傷する。肋骨は胸郭を形成しているため、深呼吸や咳で痛みが増強する。肋骨周囲に取り外し可能なバンドを巻いて固定し、徐々に治るのを待つ。

上肢の骨折

　肩を強打して鎖骨骨折が生じた場合、バンドで固定する。投球や腕相撲など、捻りの力が加わり上腕骨の骨折が生じることがある。この部位は血流が良く、骨折は治癒しやすい。転倒して地面についた手に体重が乗った場合、手関節の橈骨が骨折することがあり、ずれがあれば整復して固定する。同様に手をついて舟状骨を骨折することもあるが、血流が良くないため、手術を行うことが多い。

下肢の骨折

　スポーツで骨盤や大腿骨が骨折するのは、相当の外力が加わった場合である。膝を直接ぶつけて膝蓋骨を骨折した場合、膝の曲げ伸ばしを制限するよう固定を行う。足首を強く捻ると、足関節周囲の脛骨や腓骨が骨折することがある。腫れと痛みのため歩行困難となるが、現場では靭帯損傷との区別は難しく、捻挫と同様 RICE 処置を行い、医療機関を受診する。足部に重いものを落下させたり、強く捻って中足骨が骨折した場合も、固定した後、松葉杖で体重をかけないようにする。

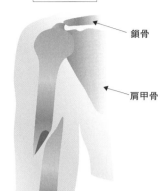

上腕骨骨折

鎖骨

肩甲骨

上腕骨

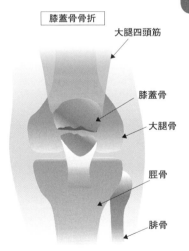

膝蓋骨骨折

大腿四頭筋

膝蓋骨

大腿骨

脛骨

腓骨

Q．骨折の治療の基本は、ギプスなどで固定して骨折が治癒するのを待つことである。骨がずれていた場合に、そのずれを徒手的に戻す操作を何と呼ぶか。

12

疲 労 骨 折

　１回で骨折を起こす程ではない軽微な外力が繰り返し加わり、骨折を生じたものを疲労骨折と呼ぶ。ランニング、投球、スイング、ジャンプなどの反復動作が原因となる。圧倒的に下肢に多い。

疲労骨折の治療の基本

　治療の基本は、疲労骨折の原因となった運動動作を休止する保存治療であり、骨折が治癒すると痛みは消失する。不良な競技動作（ランニングフォームや投球動作など）は、リハビリで改善しておきたい。日常動作が困難になるほどの痛みでなく、受診が遅れるケースもあり、中には難治性で手術を要する疲労骨折もあるため、早めに医療機関を受診したい。

腰椎や体幹の疲労骨折

　成長期に生じた腰痛では、腰椎の疲労骨折である腰椎分離症の可能性がある（p.60）。頻度は高くないが、野球、剣道、ゴルフなどで肋骨に疲労骨折が生じることもある。

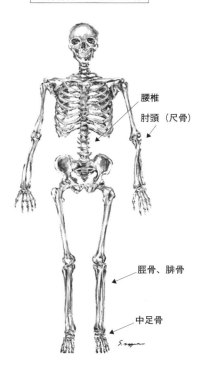

疲労骨折がよく生じる骨

腰椎
肘頭（尺骨）
脛骨、腓骨
中足骨

上肢の疲労骨折

　投球動作により肘頭（尺骨）の疲労骨折を生じることがある。保存治療で治りにくいため、手術が選択されることも多い。ソフトボールの投球や、剣道の素振りにより、尺骨の中央部で疲労骨折を生じることもある。

脛骨疲労骨折

脛骨の中央部に生じる疲労骨折は、バレーボール、バスケットボール、体操などのジャンプの着地が多い競技で発生しやすい。4か月の運動休止での治癒率が50%以下という報告もあり、難治性である。早期の確実な復帰を希望する場合や治療が長期に及んでいる場合、金属を脛骨に挿入する手術が選択される。

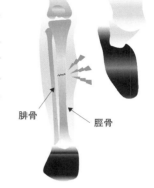

脛骨の疲労骨折

腓骨　脛骨

中足骨の疲労骨折

陸上などのランニングが多い競技で、第2あるいは第3中足骨の中央部に発生する。運動の休止により骨折は治癒することが多く、ギプス固定や手術が必要になるケースは少ない。第5中足骨の基部に生じるジョーンズ骨折とは治療方針が異なる。

ジョーンズ骨折

サッカー選手に頻度が高い、第5中足骨の基の疲労骨折である。骨折が治癒しにくいことや、ジャンプやステップ動作で負荷が加わりやすいため、一度治癒しても再骨折しやすい。早期に確実な復帰を目指す場合は、金属のスクリューを骨に挿入する手術を行う。

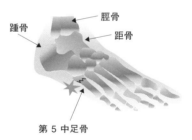

踵骨　脛骨　距骨

第5中足骨

その他

大腿骨、腓骨、踵骨などの下肢の骨や、恥骨や仙骨などの骨でも疲労骨折は生じる。基本的には保存治療を行う。

Q. サッカー選手に発生頻度が高い、足の第5中足骨基部に生じる疲労骨折は別名何と呼ばれているか。

13

肉 離 れ

肉離れは、ランニングやダッシュで下肢に生じやすい。ハムストリング、大腿四頭筋、下腿三頭筋に頻度が高い。再発を起こして治療が長引くことも多く、適切な患部の安静と、段階的な競技復帰が重要である。

肉離れとは

　肉離れでは、スポーツ動作で筋肉が伸ばされる時に収縮を起こすなどして、筋肉や筋と腱の移行部が損傷を起こす。程度に差はあるが、痛みのためプレーの継続が困難になることも多い。「足がつる」と表現される筋けいれんや、「筋肉痛」と呼ばれるトレーニングの翌日や数日後に生じる遅発性筋痛、「モモカン」と呼ばれるラグビーやサッカーで相手の膝が直接大腿部に当たって受傷する筋挫傷（きんざ）とは異なる。

肉離れの治療方針

　治療には、MRI 検査で分類されたハムストリングの肉離れの治療指針が参考にされる。軽度（腱・腱膜の損傷がない）では数日から２週間以内の復帰、中程度（腱・腱膜に損傷がある）では受傷後３〜４週でランニングを開始して６〜８週でのダッシュや競技復帰、重度（腱断裂・腱付着部の剥離がある）では、競技レベルのスポーツ復帰を目指すなら、受傷後２週間以内の手術が勧められる。いずれの場合もリハビリが重要である（p.154）。

ハムストリングの肉離れ

半腱様筋

大腿二頭筋

半膜様筋

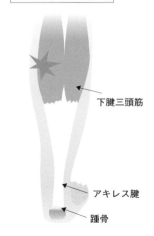

下腿三頭筋の肉離れ

下腿三頭筋

アキレス腱

踵骨

　一問一答　043
　　　A．　ジョーンズ骨折

アスリハの知識

アスレティック
リハビリテーション 総論

リハビリテーション（リハビリ）とは

　リハビリとは「疾病、病気、負傷の後に、正常に機能しうる能力に回復させること」である。一般的なリハビリとはメディカルリハビリテーションとも呼ばれ、主な目的は社会（日常生活動作への）復帰である。

アスレティックリハビリテーション（アスリハ）とは

　社会復帰の先にあるスポーツ活動に早く安全に復帰させることを目的としたリハビリテーションの総称である。再受傷の予防も大切な目的である。ケガ・故障が治った後に元の体力に戻すための自己管理やトレーニングを意味するリコンディショニングも含まれる。

アスリハに関わる専門家

　理学療法士、アスレティックトレーナーなどの専門的な知識・技術、資格を持った人が医療機関やスポーツ現場で働いている。

ケガ・故障の発生から競技復帰まで

　ケガ・故障の発生から、再度試合に復帰するまでの道のりはケガ・故障の種類によっても異なるが、リハビリの過程を経て段階的に復帰することが重要である。

ケガ・故障の発生から試合復帰までの流れ

　ケガ・故障の発生から試合復帰までは専門家に相談しながら、医療機関の受診、リハビリ、アスリハ、チーム練習、試合復帰へと段階的に安全に進めることが理想である（図1-1）。

アスリハの実際

アスリハでは、痛み・炎症・組織修復の過程を考慮して、**物理療法**（アイシング、超音波治療、電気治療、マッサージなど）（図1-2）、**ストレッチ**（図1-3）、**筋力**トレーニング（図1-4）、**基本**動作トレーニング（図1-5）、**競技**動作トレーニング（図1-6）、テーピング・装具（図1-7）などが行われる。これらの方法や負荷（強度、回数、時間、頻度）は選手個々の体力やケガの回復段階を考慮して計画される。復帰を焦り、無理なケアやトレーニングをするとケガ・故障の自然な回復を妨げ、パフォーマンス向上やスポーツ復帰を結果的に遅らせてしまうので十分に注意する。

図1-1　ケガ・故障の発生から段階的に競技復帰させるアスリハ

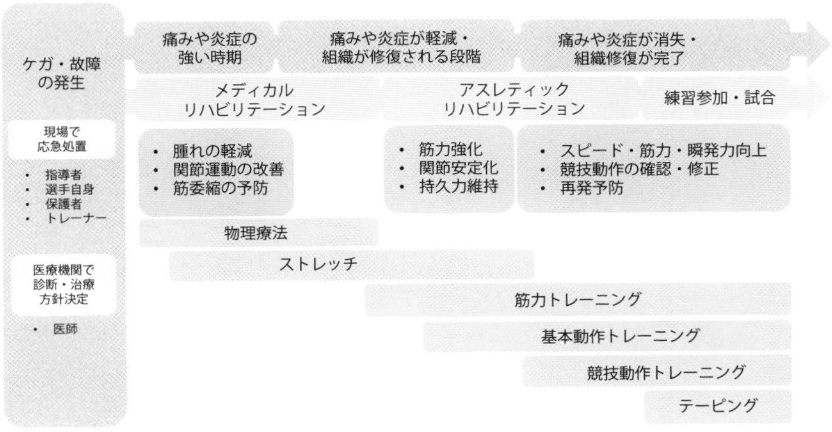

D 知識 アスリハの

Q．スポーツ活動に早く安全に復帰させることや、再受傷の予防を目的としたリハビリテーション（リハビリ）のことを何と呼ぶか。

図1-2　物理療法（左：アイシング、右：超音波療法）

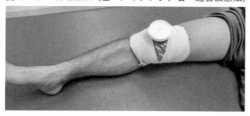

図1-3　ストレッチ（左：三角筋、右：大腿四頭筋）

図1-4　筋力トレーニング（左：肩のインナーマッスル、右：大腿四頭筋）

A.　アスレティック・リハビリテーション（アスリハ）

◀図1-5　基本動作トレーニング
（左：スクワット、右：片脚立ち）

a　　　　　　b　　　　　　　　　　c

◀図1-6　競技動
作トレーニング
（a：ジャンプ、
b：切り返し、
c：ジャンプシュー
ト）

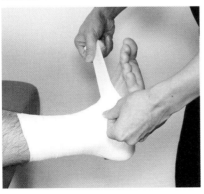
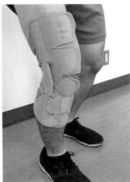

◀図1-7
テーピング・装
具
（左：足関節の
テーピング、
右：膝の装具）

一問一答　045
Q.　アスリハに関わる専門家にはどのような職種があるか。

ストレッチの基礎知識

ストレッチとは

　スポーツ医学において、ストレッチとは身体の柔軟性を改善するために筋肉や腱を伸ばすことである。ストレッチによって筋肉の温度や血流が高まるため、スポーツ活動前のウォームアップとしても役立つ。練習後に行うことで筋肉痛軽減や疲労回復の効果も期待できる。この他にもストレッチにはいくつかの効果が期待される（表1-1）。

ストレッチのタイプ

　ストレッチにはいくつかのタイプがある（表1-2）。静的ストレッチはゆっくりと関節を動かし、痛みが出る直前の姿勢で数十秒静止するものであり、筋肉の柔軟性や関節の可動範囲を効果的に増大できる（図1-1）。動的ストレッチは競技動作を活かして身体の準備を整えるものであり、陸上選手の場合、膝を高く上げながら歩くニーリフトストレッチなどが股関節の柔軟性向上に役立つ（図1-2）。バリスティックストレッチは反動を利用して自分で関節を動かすもので、運動前のウォームアップとして適している。動的ストレッチではバリスティックストレッチのように反動を使わない。

ストレッチの注意点

　いずれのストレッチも痛みを我慢して無理に行うと肉離れなどのケガを生じることがある。特に反動を使うバリスティックストレッチでは痛みや動きのスムースさを確認しながら段階的に行う。ストレッチは正しい姿勢で行うことが大切であり、間違った姿勢で無理に行うと効果が低いだけでなく、腰痛などを引き起こす場合もある（図1-3、1-4、1-5）。特にケガの後は理学療法士やトレーナーなどの専門家に安全で効果的なストレッチを確認して習得しておくことが大切である。

　　A.　理学療法士やアスレティックトレーナーなど

表1-1　ストレッチの効果

- 筋、腱、靭帯の柔軟性を高める
- 関節の可動域を大きくする
- 末梢の血液循環をよくする
- 疲労回復、心身のリラックス

表1-2　ストレッチのタイプ

- 静的ストレッチ
- 動的ストレッチ
- バリスティックストレッチ

図1-1　部位別の静的ストレッチ（ストレッチされやすい筋肉）

前腕部（腕橈骨筋・手関節背屈筋群）

上腕後面（右の上腕三頭筋）

胸部、肩前面（大胸筋、三角筋）

背部（広背筋）

大腿内側部（股関節内転筋群）

殿部（右の大殿筋）

一問一答　046
Q.　ゆっくりと関節を動かし、痛みが出る直前の姿勢で数十秒静止させるストレッチを何と呼ぶか。

図1-2　動的ストレッチ（ストレッチされやすい筋肉）

◀ニーリフトストレッチ
（大殿筋、ハムストリング）

◀ツイストランジ
（広背筋、腹斜筋、腸腰筋、大殿筋、
大腿四頭筋、ハムストリング）

▼サイドランジ（股関節内転筋群、ハムストリング、大腿四頭筋、ヒラメ筋）

　一問一答　046
　　　　A.　静的ストレッチ

悪  良

◀図1-3　ハムストリングのストレッチ
左：腰部と膝が過度に曲がって効果的にストレッチできていない。
右：腰部を真っすぐにして骨盤の前傾を意識して効果的にストレッチできている。

悪  良

◀図1-4　大腿四頭筋のストレッチ
左：腰が反り、骨盤が過度に前傾しており、効果的にストレッチできていない。腰部に負担がかかっている。
右：骨盤の前傾を固定して効果的にストレッチできている。

悪  良

◀図1-5　下腿後面（かたい）のストレッチ
左：つま先が外を向き、下腿後面の筋肉を十分にストレッチできていない。
右：つま先が前を向き、効果的にストレッチできている。

一問一答　047
Q.　競技動作を活かして身体の準備を整えるストレッチを何と呼ぶか。

腰痛に対するアスリハの基本

腰痛は球技、ラケットスポーツ、水泳、格闘技、ウエイトリフティング等の様々なスポーツで発生する。ラグビーやアメリカンフットボール、スキーでは腰部に加えて頚部の問題も生じやすい。

アスリハの方針

腰痛は「腰が痛い」という症状であり、原因となる疾患には椎間板ヘルニア、腰椎分離症、筋性の腰痛などがある。腰痛のタイプには腰を曲げると痛む（負担がかかる）屈曲型腰痛と、腰を反らすと痛む（負担がかかる）伸展型腰痛に大きく分けられる。それぞれの特徴的な姿勢の悪さが原因となる。

ストレッチや筋力トレーニングの前に、腰部に負担がかかりにくい理想的な姿勢を理解して、これを習慣化することが大切である。まずは座る姿勢と立つ姿勢を正すことから始める。基本的には腰が過度に曲がったり、反ることがないように腹部と背部の筋肉をバランスよく使いながら左右対称な姿勢を保つようにする（図2-1，2-2）。持ち上げ動作では、腰が過度に曲がらないようにする（図2-3）。屈曲型と伸展型のタイプ別の原因を考慮して、ストレッチや体幹トレーニングを行うことが大切である。

予防のポイント

腰痛のタイプや原因を考慮せずに、やみくもにストレッチや筋力トレーニングを行うと症状が良くならないだけでなく、悪化することもある。腰痛は背筋が弱いため生じる、と決めつけて図2-4のような古典的な体幹反らしを1日100回やる、という安易なトレーニングは避ける。まずは医師の診察により原因を明らかにして、アスリハやトレーニングで対応する。

図2−1　腰痛の原因になりやすい立ち姿勢
（左：伸展型腰痛になりやすい、中央：屈曲型腰痛になりやすい、右：腰部への負担が小さく理想的）

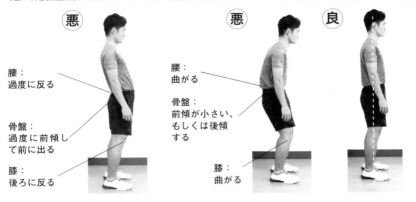

腰：
過度に反る

骨盤：
過度に前傾し
て前に出る

膝：
後ろに反る

腰：
曲がる

骨盤：
前傾が小さい、
もしくは後傾
する

膝：
曲がる

図2−2　腰痛の原因になりやすい座り姿勢
（左：伸展型腰痛になりやすい、中央：屈曲型腰痛になりやすい、右：腰部への負担が小さく理想的）

図2−3　持ち上げ動作
（左：腰が曲がりすぎ、右：股・膝関節を十分に曲
げ、腰の過度な反りや曲がりがない）

**図2−4　腰の反りを過度に繰り返す背筋ト
レーニング**

一問一答　048
Q．腰痛には腰を曲げると痛むタイプと、腰を反らすと痛むタイプがある。それぞれ何と呼
ぶか。

腰痛に対するストレッチ

腰痛タイプ別のストレッチ

　腰痛は屈曲型と伸展型のタイプで筋肉の硬さ（タイトネス）の特徴が異なる（図3-1，3-2）。腰痛に対するストレッチは、このようなタイトネスの特徴を考慮して行う（図3-3，3-4）。基本的には前述した不良姿勢によって筋肉がいつも縮んだ状態にあるとタイトネスが生じやすい。伸展型腰痛で骨盤が過度に前傾している場合には股関節の前面にある腸腰筋が、屈曲型腰痛で骨盤が後傾している場合には大殿筋やハムストリングにタイトネスが生じやすい。タイトネスは不良姿勢を習慣化させ、腰痛をさらに悪化させる。

図3-1　伸展型腰痛でタイトネスが生じやすい筋肉　　　図3-2　屈曲型腰痛でタイトネスが生じやすい筋肉

脊柱起立筋

腸腰筋、
大腿筋膜張筋

ヒラメ筋

大腿四頭筋

腹直筋

大殿筋

ハムストリング

腓腹筋

予防のポイント

　ストレッチ中に過度に腰椎や骨盤が動き無理な姿勢になると腰痛を悪化させてしまうので、ストレッチ中は腰椎や骨盤の位置に注意する。

　A.　屈曲型腰痛と伸展型腰痛

図 3－3　伸展型腰痛の不良姿勢を修正するためのストレッチ
（上段：正しいストレッチ、下段：誤ったストレッチ）

腸腰筋のストレッチ

（下の写真では腰が過度に
反っている）

大腿四頭筋のストレッチ

（下の写真では腰が
過度に反っている）

脊柱起立筋のストレッチ

（下の写真では骨盤を下げる
動きが不十分）

図 3－4　屈曲型腰痛の不良姿勢を修正するためのストレッチ
（上段：正しいストレッチ、下段：誤ったストレッチ）

大殿筋のストレッチ

（下の写真では腰が曲がり、
反対の膝が持ち上がっている）

腹直筋のストレッチ

（下の写真では腰や頚部が
反りすぎている）

ハムストリングのストレッチ

（下の写真では腰が曲がり、
反対の膝が持ち上がっている）

一問一答　049
Q.　□を埋めよ。腸腰筋、大殿筋、大腿四頭筋、ハムストリングの＿＿＿＿＿は腰痛の原因と
なる。

腰痛に対する筋力トレーニング

腰痛タイプ別の筋力トレーニング

　腰痛は屈曲型と伸展型のタイプで筋力低下の特徴が異なる（図4-1，4-2）。腰痛に対する筋力トレーニングはこのような特徴を考えながら行う（図4-3，4-4）。基本的には不良姿勢によって筋肉がいつも伸びた状態にあると、その筋力が低下しやすい。屈曲型腰痛で骨盤の前傾が小さいと股関節の前面にある腸腰筋が伸びた状態にあるため、この筋力が低下しやすい。筋力低下は前に述べたタイトネスと関与し合って不良姿勢を習慣化させ、腰痛をさらに悪化させる。

図4-1　伸展型腰痛で筋力低下しやすい筋肉　　図4-2　屈曲型腰痛で筋力低下しやすい筋肉

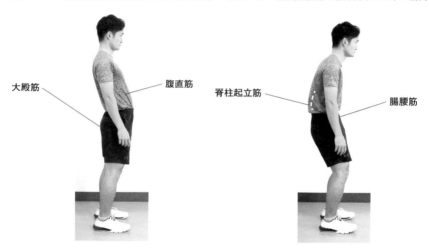

大殿筋　　　　　　　　　腹直筋　　　脊柱起立筋　　　　　　　腸腰筋

予防のポイント

　スポーツ動作では腰部を過度に反らす、曲げる、捻ることが腰痛の原因になる。腹部筋トレーニング（図4-3）とともに、腹部、腰部、側腹部の筋をバランスよく使い、体幹の正しい姿勢を保つ体幹トレーニングを行う（図4-4）。

図 4 - 3　伸展型腰痛の不良姿勢を修正するための腹部筋トレーニング

図 4 - 4　体幹トレーニング

Q.　腹部・腰部など体の中心にある筋肉を鍛えるトレーニングを何と呼ぶか。

2-5

下肢のアスリハ

ランニング、ジャンプ着地、切り返し動作、コンタクトプレーを求められる競技では下肢のケガ・故障が発生しやすい。他者との接触がない状況では捻挫、肉離れ、腱炎が多く発生し、コンタクトプレーでは骨折や脱臼、打撲などのケガが発生しやすい。

アスリハの方針

　まずはケガ・故障の回復段階（p.111）を考慮してケガ自体の自然な治癒を阻害しないことが大切である。膝や足関節の捻挫では、RICE処置（p.46）を行いながら、杖や装具・テーピングを使用（図5-1、5-2）して荷重や関節運動を制限した後に、段階的に負荷を増していく。骨折や脱臼で固定を外した後や手術を受けた場合、部分的な荷重や運動の制限の指示を守りながら、患部以外の運動から始めて、基本動作やエクササイズの負荷を徐々に上げていく。医師や理学療法士の指示を守らずに、炎症の強い時期や術後に痛みや恐怖心を我慢して体重をかけたり、負荷の大きな運動を急に行うと症状が悪化して、結果的に回復やスポーツ復帰が遅れる。恐怖心や痛みがないことを確認しながら、柔軟性、筋力、平衡性（バランス）、持久力、俊敏性（アジリティ）などの基礎的な身体能力を高めるために、各々の目的に見合ったトレーニングを行う（図5-3〜5-6）。その後、競技ごとの動きを考慮して競技動作トレーニングを開始する（図5-7）。

予防のポイント

　下肢のケガ・故障はスポーツ活動中の不良なフォームが原因で発生するものが多い。基本的な動作練習やトレーニングでは、ケガ・故障の発生に影響する不良なフォーム（図5-8）をチェックしながら、修正することが大切である。このような不良なフォームは選手が自覚していない場合が多いため、再発予防のために理学療法士やトレーナーなどの専門家にフォームをチェックしてもらうとよい。

　　　　　A．体幹トレーニング

図 5 - 1　**杖による免荷歩行**　（左：松葉杖　右：ロフストランド杖）

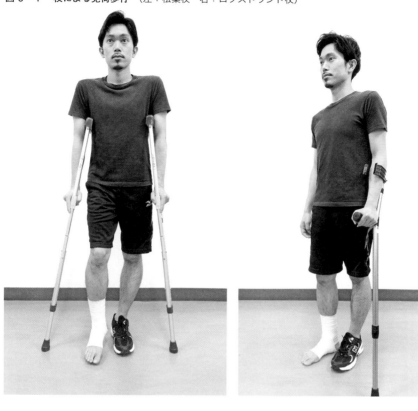

図 5 - 2　**足関節の固定**　（左：弾性包帯による固定　右：装具による固定）

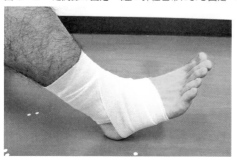
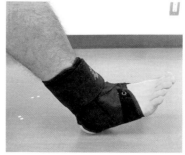

一問一答　051
Q.　□を埋めよ。平衡性を向上させるトレーニングを [　　　] トレーニングと呼ぶ。

▶図 5-3　柔軟性改善：ストレッチ
（右側の下腿三頭筋のストレッチ）

▼図 5-4　筋力改善：筋力トレーニング
（左：腓骨筋のトレーニング、右：下腿三頭筋のトレーニング）

◀図 5-5　平衡性向上：バランストレーニング
（左：片脚立ち、右：バランスクッション上で片脚スクワット）

　一問一答　051
　　A．バランス

◀図 5 - 6　俊敏性向
上：アジリティトレーニング
グ
（左：ラダー、
右：ハードル）

▼図 5 - 7　競技動作トレーニング
（左：サッカーでのボールキック、右：バスケットボールでのドリブル）

◀図 5 - 8　ケガの発生に関わる不
良なフォームの一例
（左：片脚スクワット動作で膝が過度
に内側に入っている、
右：ステップ動作で足先が過度に外
を向いている）

D アスリハの知識

一問一答　052
Q.　□を埋めよ。俊敏性を向上させるトレーニングを ［　　　］トレーニングと呼ぶ。

膝の靭帯損傷に対するアスリハ

膝の靭帯損傷とは、急なジャンプ着地や切り返し動作をした際に靭帯が部分的あるいは完全に断裂するケガである。膝の靭帯が断裂すると、それぞれの靭帯が止めている動きが異常に増す（図6-1～6-3）。このため、着地や切り返し動作で膝が崩れるような恐怖心や現象が生じスポーツ活動が難しくなる。前十字靭帯は自然に治癒しにくいため手術が選択されることが多い。

アスリハの方針

受傷後や手術後のアスリハのメニューは、医師、理学療法士、トレーナーが靭帯の治癒、関節の安定性、個々の身体能力を考慮して計画する。痛み、腫れ、不安定感をみながら膝周囲の硬さを予防するためのマッサージ（図6-4）や軽い屈伸運動（図6-5）、膝を安定させるための筋力トレーニング（図6-6）から開始する。次に、基本動作トレーニング（図6-7～6-9）を始めて、競技に応じたランニング、ジャンプ着地、切り返し動作などの競技動作トレーニングへと段階的に進めていく。トレーニングの過程では装具やテーピングで膝の安定性を補うことも検討される。

予防のポイント

膝の靭帯損傷はスポーツ動作中の不良なフォームが原因で発生することが多い。基本動作トレーニングでは、ケガ・故障の発生に影響する不良なフォーム（図6-10）をチェックしながら、修正することが大切である。このような不良なフォームは選手が自覚していない場合が多いため、再発予防のために理学療法士やトレーナーなどの専門家にチェックしてもらうとよい。競技動作では、膝の安定性を高めるために体幹や股関節、足関節の動きや安定性をチェックし、向上させることも大切である。

　一問一答　052
　　A．アジリティ

図6-1　前十字靭帯が損傷した膝の異常な動き（脛骨が前に出る）

図6-2　後十字靭帯が損傷した膝の異常な動き（脛骨が後ろに出る）

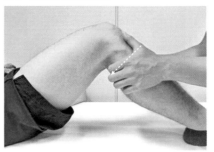

図6-3　a：正常、b：内側側副靭帯が損傷した膝の異常な動き（脛骨が過度に外側を向く）、c：外側側副靭帯損傷が損傷した膝の異常な動き（脛骨が過度に内側を向く）

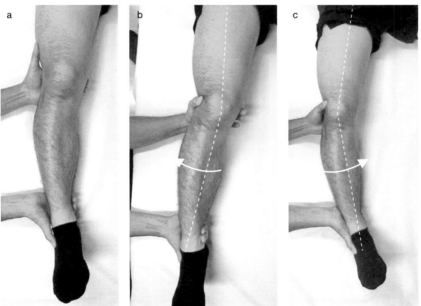

一問一答　053

Q.　□を埋めよ。膝の □□□□ 靭帯が損傷すると、自然治癒しにくいため、手術が選択されることが多い。

図6-4　膝周囲のマッサージ
お皿を上下左右に動かすようにマッサージする。

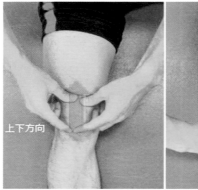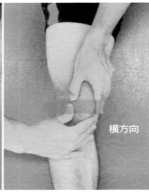

図6-5　屈伸運動（ヒールスライド）
長座で踵を滑らせながら膝をゆっくりと曲げる。

図6-6　大腿四頭筋の筋力ト
レーニング（セッティング）

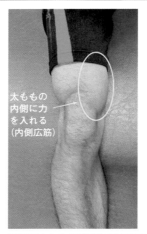

長座で太ももの筋肉を引き締め、
**お皿を上に引き上げるように力を
入れる。**太ももの内側（内側広筋）
を特に意識する。

A．前十字

図 6－7 両脚スクワット

体を適度に前傾させ、股関節と膝を曲げる。左右対称な姿勢とする。浅めのスクワットから始める。

図 6－8　ランジ

足を一歩前に出して体重をかける。

図 6－9　片脚スクワット

片脚立ちから体を適度に前傾させ、股関節と膝を曲げる。

図 6－10　不良な基本動作フォーム

体幹が傾き、膝が過度に内側に入っている。

一問一答 054

Q. 　□を埋めよ。基本動作トレーニングとして両脚や片脚で　□　した際の正しいフォームが重要である。

上肢のアスリハ

野球の投球、テニスやゴルフのスイング、水泳のクロール、体操競技での体重支持やぶら下がりなどでは腱や筋肉の炎症や部分的な損傷が生じやすい。ラグビー、アメリカンフットボール、格闘技などのコンタクトプレーでは骨折・脱臼、靭帯損傷などのケガが発生しやすい。

アスリハの方針

まずはケガ・故障の回復段階（p.111）を考慮して身体の自然治癒を阻害しないことが大切である。投球障害肩・野球肘やテニス肘では RICE 処置（p.46）を行いながら、投球・スイング動作の強さや回数を段階的に増やしていく。テーピングや装具で患部を保護することも考える（図 7 - 1，7 - 2）。肩の脱臼や手術後では装具（図 7 - 3）で肩を保護し、運動制限などの指示を守りながら、患部以外の運動から始めて、肩の基本動作やエクササイズの負荷を徐々に上げていく。痛みの強い時期に、医師や理学療法士の指示を守らず、負荷の大きな運動を急に行うと、患部がうまく治癒せず、回復やスポーツ復帰が遅れる。

恐怖心や痛みがないことを確認しながら、柔軟性や筋力を高めるためのストレッチ（図 7 - 4）やインナーマッスルのトレーニングを行い（図 7 - 5）、その後、競技動作トレーニングを開始する（図 7 - 6）。

予防のポイント

投球障害肩・野球肘やテニス肘などは不良な競技フォーム（図 7 - 7，7 - 8）が原因となる場合が多いため、理学療法士やトレーナーに投球やスイングのフォームをチェックしてもらい修正する。

どんなに良いフォームでプレーしても投球やスイングをやりすぎると痛みが再発するため指導者と相談して一定の制限を設ける。上肢の動きは体幹や下肢の動きの影響を受けるため、これらの柔軟性や安定性を維持・改善することが大切である。

一問一答 054
A．スクワット

図 7 - 1　野球肘のテーピング

図 7 - 2　テニス肘の装具

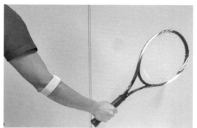

図 7 - 3 肩関節脱臼の装具

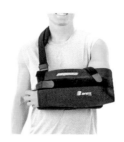

図 7 - 4　上肢のストレッチ（a：三角筋、b：上腕三頭筋、c：腕橈骨筋）

a

b

c

一問一答　055

133

Q.　□を埋めよ。投球やスイング動作などの繰り返しによるケガから復帰する場合、その強
さや回数を　　　　　的に増やしていくことが大切である。

図7-5：肩のインナーマッスル・トレーニング
（a：棘上筋、b：肩甲下筋、c：棘下筋・小円筋）

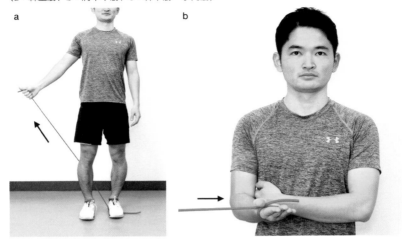

a

b

c

◀**図7-6　競技動作トレーニング**
左：シャドウスローイング
右：ラケットスイング

A．段階

図7-7　投球障害肩・野球肘の原因となる不良なフォームの一例
左：投球中に肘が下がっている。
右：理想的なフォーム

図7-8　テニス肘の原因となる不良なストロークフォームの一例
左：手首の返しが過度。腰の位置も高い。
右：理想的なフォーム

一問一答　056
Q.　□を埋めよ。不良な競技 ［　　　　］は痛みの原因となるが、良い競技 ［　　　　］でもやり過ぎると痛みが出現する。

競技別のアスリハ：野球

野球選手、特にピッチャーでは投球の繰り返しで肩や肘のケガが発生しやすい（図1-1）。野手では捕球時のジャンプ着地や走塁でのスライディング・接触で膝や足の靭帯損傷を発生することもある。

代表的なケガ・故障と予防のトレーニング

肩インピンジメント症候群（p.67）

投球時に筋肉などが肩甲骨と上腕骨に挟まれたり、衝突することで生じる炎症や部分的な断裂。バンザイの動きで肩の上前部を痛がる。

【予防】三角筋のストレッチ／インナーマッスルの筋力トレーニング／胸部のストレッチ（図1-2）。

上方肩関節唇損傷（p.66）

上腕二頭筋が付いている関節唇という組織の一部が剥がれた状態。フォロースルー期（p.66）で発生しやすい。肩の奥を痛がり、投球で引っかかり感や肩が抜ける感じを訴える。

【予防】インナーマッスルの筋力トレーニング（図1-3）。

肘内側側副靭帯損傷（p.74）

投球時に肘内側の靭帯が何度も引き伸ばされて炎症や部分損傷が生じる。

【予防】胸部のストレッチ／投球時の「肘下がり」の修正（図1-4）。

手有鈎骨骨折（p.79）

　力強いバットスイングでグリップエンドに手首の骨が当たって発生する。手首を痛がり、握力が下がる。

　【予防】選手に合ったバット（重さ、太さ、形状）を選ぶ／手首でこねるようなスイングを修正する（図1-5）。

肋骨疲労骨折（p.106）

　投球や打撃で肋骨にストレスがかかって発生する。咳やくしゃみで背部や胸部を痛がる。

　【予防】体幹トレーニング（図1-6）。

予防のポイント

　痛みを我慢してプレーを続けると症状が悪化して、復帰が遅くなる。メディカルスタッフ、指導者、家族とよく相談して投球数を制限しながらトレーニングを段階的に進める。症状がある肩や肘だけでなく、体幹や下肢の柔軟性や安定性を高めながら投球や打撃のフォームを修正する。手術後のアスリハは医師や理学療法士の指示に従う。

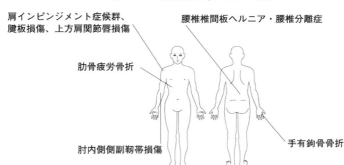

図1-1　野球選手に多いケガ・故障

肩インピンジメント症候群、
腱板損傷、上方肩関節唇損傷

腰椎椎間板ヘルニア・腰椎分離症

肋骨疲労骨折

手有鈎骨骨折

肘内側側副靱帯損傷

Q. □を埋めよ。投球動作で肩や肘を痛めた場合、その復帰には肩や肘だけでなく、体幹や下肢の □ 性や安定性を高めていくことが大切である。

図1−2　肩インピンジメント症候群予防のためのエクササイズ・トレーニング（a：三角筋のストレッチ、b：肩のインナーマッスルの筋力トレーニング、c：胸部の屈伸ストレッチ）

a

b

c

図1−3　上方肩関節唇損傷予防のためのエクササイズ・トレーニング
（肩のインナーマッスルの筋力トレーニング）

a　棘上筋

b　肩甲下筋

A．柔軟

図1-4　肘内側側副靱帯損傷予防のためのエクササイズ・トレーニング
（左：胸部のストレッチ　右：肘下がりの修正）

図1-5　手有鉤骨骨折予防のためのエクササイズ・トレーニング
（左：スイングで手首を過度にこねている　右：体幹や下半身を使ったスムースなスイング）

図1-6　肋骨疲労骨折予防のためのエクササイズ・トレーニング（体幹トレーニング）

Q.　□を埋めよ。投球動作では肘が ［　　　　　］がると痛みを生じる原因となる。

競技別のアスリハ：バスケットボール

バスケットボールでは急なストップ、切り返し動作、ジャンプ着地が求められ、
激しいコンタクトプレーも多いため膝や足の捻挫（靭帯損傷）が発生しやすい。
ボールさばきで突き指も発生しやすい（図2-1）。

代表的なケガ・故障と予防のトレーニング

足関節捻挫（p.96）

切り返し動作やジャンプ着地で足首を強く捻った時に足関節の靭帯が損傷
する。

【予防】足関節の筋力トレーニング／バランストレーニング／テーピン
グ・装具（図2-2）。

膝前 十 字靭帯損傷（p.84）
_{ひざぜんじゅう じ じんたい}

切り返し動作やジャンプ着地で膝を急激に捻って前十字靭帯が断裂する。
「バキッ」などの断裂音とともに膝が崩れ、しばらくは痛みと不安定感で体
重をかけられない。

【予防】股関節の筋力トレーニング／体幹トレーニング／スクワット／膝
が内側に入る不良なフォームの修正（図2-3）。

半月板損傷（p.86）

ジャンプ着地や切り返し動作で膝を急激に捻った時に膝の中にある半月板
が損傷する。大きく損傷すると関節の隙間に半月板が挟まり膝が伸びないこ
ともある（ロッキング現象）。

【予防】股関節の筋力トレーニング／体幹トレーニング／スクワット／膝
が過度に内側や外側に入る不良なフォームの修正（図2-3）。

ジャンパー膝（p.90）

　ジャンプや着地の繰り返しで膝の前のお皿（膝蓋骨）周辺に痛みが生じ
る。膝を前に出すようなスクワットで特に痛がる。

　【予防】大腿四頭筋のストレッチ／股関節の筋力トレーニング／膝が前に
出る悪いフォームの修正（図2-4）。

突き指（p.80）

　ボールが当たった時に、手の指の関節を捻り靭帯が損傷する。

　【予防】ボールタッチ・キャッチのスキルを高める。

予防のポイント

　ケガ・故障の発生に関わる不良なジャンプの着地姿勢は選手本人が自覚し
ていない場合が多いため、再発予防のために理学療法士やトレーナーなどの
専門家にチェックしてもらうとよい。

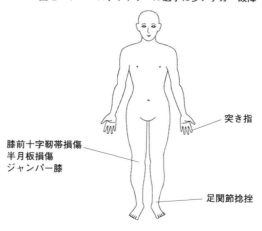

図2-1　バスケットボール選手に多いケガ・故障

突き指

膝前十字靭帯損傷
半月板損傷
ジャンパー膝

足関節捻挫

Q.　□を埋めよ。バスケットボールでは、□□□□□関節や□□□□□関節の靭帯を損傷するケガ
が多い。

図 2-2　足関節捻挫予防のためのエクササイズ・トレーニング
（左：足関節の筋力トレーニング、右：バランストレーニング）

図 2-3　膝前十字靭帯損傷、半月板損傷予防のためのエクササイズ・トレーニング

a  b

a：股関節の筋力トレーニング
b：正しいフォームのスクワット
c：体幹トレーニング

c

d

d：ステップ動作中の
フォームの修正（膝が過
度に内側や外側に入る悪
いフォームを修正）

悪　悪　良

A．膝、足

図 2 - 4　ジャンパー膝予防のためのエクササイズ・トレーニング

（a：大腿四頭筋のストレッチ、b：股関節の筋力トレーニング、c：正しいフォームのスクワット
（膝が過度に前に出ないようにする））

c：正しいフォームのスクワット（膝が過度に前に出ないようにする）

一問一答　060

Q.　□を埋めよ。正しいジャンプ着地姿勢を得るために、正しいフォームの ［　　　　］ を身に
つけることが大切である。

競技別のアスリハ：サッカー

サッカーではボールキックの繰り返しや、急な切り返し動作、ジャンプ着地によって股関節、膝、足部のケガ・故障が発生しやすい（図3-1）。ジョーンズ骨折はサッカー選手の足部に発生しやすい疲労骨折である。

代表的なケガ・故障と予防のトレーニング

鼠径部痛（グロインペイン）症候群（p.82）

キックや切り返し動作で股関節に負担がかかり、股関節の前面を痛がる。

【予防】股関節のストレッチ／股関節の筋力トレーニング／体幹トレーニング（図3-2）。

オスグッド病（p.92）

成長期の男児に多く発生する。ランニングやジャンプ着地で膝を伸ばす筋肉を過度に使い、この筋肉が付着している脛骨前部の骨に痛みが出る。

【予防】大腿四頭筋のストレッチ／脛骨を押して痛むときは無理しない／正しいフォームでのスクワット（図3-3）。

膝内側側副靭帯損傷（p.88）

切り返し動作やジャンプ着地で膝が急激に内側に入り内側側副靭帯が断裂するケガ。膝の内側を痛がり、膝が内側に入る動きや膝を伸ばしきる動きで特に痛がる。

【予防】ハムストリングの筋力トレーニング／股関節の筋力トレーニング／体幹トレーニング／つま先が外を向き膝が内側に入る悪いフォームの修正／スクワット（図3-4）。

ジョーンズ骨折（第5中足骨骨折）(p.107)

　足の外側で着地や踏み込みを繰り返すことで第5中足骨の基部が骨折する。選手は特にケガをした自覚はなく、足の外側に痛みを感じる。プレーを継続すると徐々に痛みが増す。

　【予防】足関節のストレッチ／足の内側と外側でバランスよく地面を捉える練習／適度な硬さの靴を選ぶ（図3-5）。

予防のポイント

　ケガ・故障の発生に関わる不良なフォームは選手本人が自覚していない場合が多いため、再発予防のために理学療法士やトレーナーなどの専門家にチェックしてもらうとよい。手術後のアスリハは医師や理学療法士の指示に従う。

図3-1　サッカー選手に多いケガ・故障

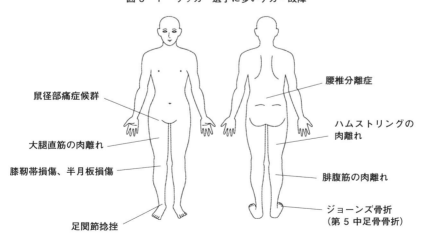

鼠径部痛症候群

大腿直筋の肉離れ

膝靭帯損傷、半月板損傷

足関節捻挫

腰椎分離症

ハムストリングの
肉離れ

腓腹筋の肉離れ

ジョーンズ骨折
（第5中足骨骨折）

一問一答　061

Q. □を埋めよ。鼠径部痛症候群はサッカーに頻度が高く、⬚⬚⬚⬚⬚⬚関節のストレッチや筋力トレーニングが大切となる。

図 3 − 2　鼠径部痛症候群予防のためのエクササイズ・トレーニング
（a, b：股関節のストレッチ、c：股関節の筋力トレーニング）

a

b

c

図 3 − 3　オスグッド病予防のためのエクササイズ・トレーニングおよびセルフチェック
（左：大腿四頭筋のストレッチ　右：押したときの痛みをチェック（痛むときは無理しない））

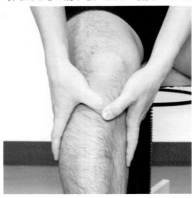

　　　　A．股

図 3 - 4　膝内側副靭帯損傷予防のためのエクササイズ・トレーニング
（左：ハムストリングの筋力トレーニング、右：膝が過度に内側に入る悪いフォームの修正）

図 3 - 5　ジョーンズ骨折予防のためのエクササイズ・トレーニング
（左：右側の足関節のストレッチ、右：バランスよく地面を捉える練習、悪い例では荷重が外側に偏っている）

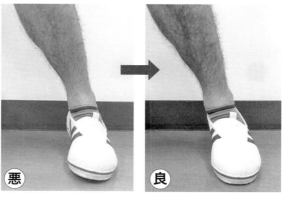

D
アスリハの知識

一問一答　062
Q.　□を埋めよ。ジョーンズ骨折の予防には、□□□□□関節のストレッチや、足の内側と外側でバランスよく地面を捉える練習が大切である。

競技別のアスリハ：ラグビーフットボール

ラグビーは急な切り返し動作や、タックルや、スクラムなどの激しいコンタクトプレーが求められる。このため下肢だけでなく、頭部、頸部、肩などの全身にケガが発生する（図4-1）。正しいタックルやスクラムのフォームを身につけることが大切である。

代表的なケガ・故障と予防のトレーニング

肩関節脱臼（p.68）

タックル時の肩への強い衝撃などで上腕骨が前方に脱臼する。バンザイの動きができなくなる。

【予防】肩の深部にある筋肉（インナーマッスル）のトレーニング（図4-2）／体幹トレーニング／タックルフォームの練習。

脳振盪（のうしんとう）（p.52）

タックルなどで頭を強く打って、めまい、ふらつき、意識や記憶の障害が出る。段階的競技復帰プロトコールに従い競技復帰する（表）。

【予防】頸部のストレッチと筋力トレーニング（図4-3）／体幹トレーニング／タックルフォームの練習。

頸髄損傷

危険なタックルやスクラムなどで頸椎（けいつい）に過度な圧迫や屈伸の力が加わって発生する。手足の麻痺や生命に関わることもある重大なケガである。

【予防】頸部のストレッチと筋力トレーニング／体幹トレーニング／タックル、ブロックフォームの練習。

予防のポイント

筋力トレーニングで筋肉を太く、大きくすることは重要だが、ケガを予防するためには表面にあるアウターマッスルだけでなく、肩や体幹の深部にあ

る筋肉（インナーマッスル）を強化することも重要となる。肩関節脱臼後にやみくもに無理なストレッチをすると肩がさらに緩くなってしまうことがあり、ストレッチの方法や程度については理学療法士やトレーナーにアドバイスをもらう。頭部外傷や頚髄損傷は生命に関わる重大なケガであり、強く頭を打ったり、頚部を捻ったりした場合には、必ず医療機関を受診する。いわゆる「根性論」で無理をすると後悔することになる。

図 4 - 1　ラグビー選手に多いケガ・故障

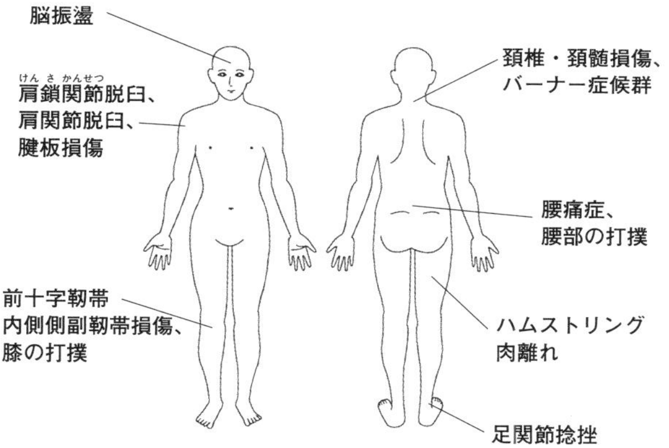

脳振盪

肩鎖関節脱臼、
肩関節脱臼、
腱板損傷

前十字靭帯
内側側副靭帯損傷、
膝の打撲

頚椎・頚髄損傷、
バーナー症候群

腰痛症、
腰部の打撲

ハムストリング
肉離れ

足関節捻挫

表. 段階的競技復帰のプロトコール（各段階は24時間以上あけ、症状がなければ次の段階に進む）

①活動なし（完全に休む）	④接触プレーのない運動・訓練
②軽い有酸素運動（ウォーキングなど）	⑤メディカルチェック後に接触プレーを許可
③スポーツに関連した運動（ランニングなど）	⑥競技復帰

Q.　□を埋めよ。コンタクトプレーの多いラグビーでは、脳振盪や頚椎損傷を予防するためにも、十分に□□□部の筋力トレーニングを行っておきたい。

図4-2　肩関節脱臼予防のためのエクササイズ・トレーニング（a, b, c：インナーマッスルの筋力トレーニング、d, e：体幹トレーニング（肩の筋力トレーニングにもなる））

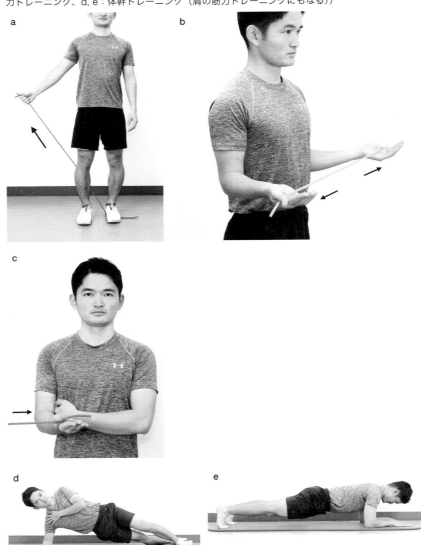

A.　頚

図4-3　脳振盪、頚椎・頚髄損傷予防のためのエクササイズ・トレーニング（a：頚部のストレッチ　b：頚部の筋力トレーニング　c：肩甲骨回りの筋力トレーニング）

a

b

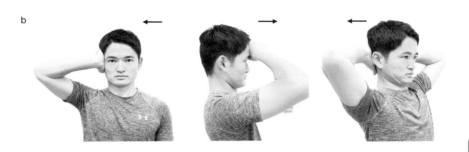

c

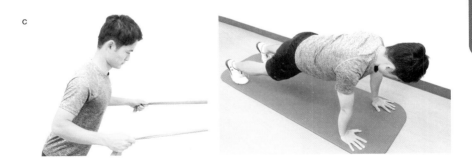

Q.　□を埋めよ。肩のケガの予防にはアウターマッスルのみでなく、□□□□□マッスルの強化が重要である。

競技別のアスリハ：陸上競技

陸上選手では、短距離走、長距離走、跳躍、投擲などの種目ごとに発生しやすいケガ・故障や原因が異なる（図5-1、図5-2）。投てき選手では、肩・肘の痛みや、腰痛が発生しやすい。

代表的なケガ・故障と予防のトレーニング

肉離れ（p.108）

走行中に筋肉が急激に伸ばされて筋肉と腱の結合部が部分的もしくは完全に断裂するケガ。発生後は筋肉を伸ばすことを怖がる。

【予防】ハムストリングや股関節のストレッチ／体幹トレーニング（図5-3）。

ジャンパー膝（p.90）

踏切りや着地で膝蓋腱が繰り返し引き伸ばされることで生じる炎症。深いスクワットや跳躍時に膝の前を痛がる。

【予防】大腿四頭筋ストレッチ／股関節の筋力トレーニング／動作時に膝が過度に前や内側に出る動きの修正（図5-4）。

シンスプリント（p.100）

踏み切りや着地の繰り返しで脛骨の内側に付いている筋肉や腱に生じた炎症。下腿の中下1/3に痛みを訴える。

【予防】ふくらはぎのストレッチ／股関節の筋力トレーニング／扁平足や動作時に膝が過度に内側に入る動きの修正（図5-5）。

肩インピンジメント症候群（p.75）

　やり投げ、砲丸投げ、棒高跳びで腕を頭上に上げる時に肩甲骨と上腕骨をつなぐ筋肉に過度な圧迫や摩擦がかかって生じる炎症。腕を内側に捻ったまま挙上するときに痛みを訴える。

　【予防】姿勢の修正／肩の後ろのストレッチ／肩甲骨周囲や胸椎ストレッチ（図5-6）。

腰痛

　腰部の過度な曲がりや反りを繰り返すことで腰の筋肉や関節にストレスがかかって生じる腰の痛み。

　【予防】姿勢の修正／股関節のストレッチ／体幹トレーニング（図5-7、p.118～123）。

予防のポイント

　症状と身体機能の問題を安易に結び付けて、トレーニングをやみくもに行うと症状が悪化しやすいので注意する。例えば、腰を捻る動きが痛みの原因となっている砲丸投げ選手がやみくもに腰のストレッチを続けると痛みを悪化させる。

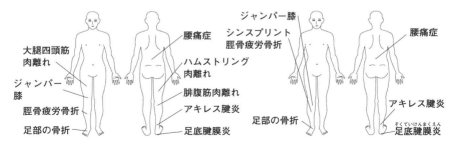

図5-1　短距離、跳躍選手に多いケガ・故障　　　図5-2　長距離選手に多いケガ・故障

Q.　□を埋めよ。ランニング中に筋肉が急激に引き伸ばされて、筋肉が部分断裂するケガを□□□□という。

図 5 − 3　ハムストリング肉離れ予防のためのエクササイズ・トレーニング
（a：ハムストリングのストレッチ、b, c：股関節のストレッチ）

図 5 − 4　ジャンパー膝予防のためのエクササイズ・トレーニング
（左：大腿四頭筋のストレッチ、右：股関節の筋力トレーニング）

A.　肉離れ

図 5 - 5　シンスプリント予防のためのエクササイズ・トレーニング
（左：右側のふくらはぎのストレッチ、右：膝が内側に入る動きの修正）

図 5 - 6　インピンジメント症候群予防のためのエクササイズ・トレーニング
（左：肩が前に出た姿勢の修正、右：三角筋のストレッチ）

図 5 - 7　腰痛症のためのエクササイズ・トレーニング（左：姿勢の修正、右：体幹トレーニング）

一問一答　066

Q.　□を埋めよ。中高生の陸上選手に多い下腿に痛みが生じる　[　　　　]　では、扁平足の修正やふくらはぎのストレッチが重要である。

テーピング総論

ケガの予防や応急処置を目的として、関節の動きを制限したり、患部を圧迫するためにテーピングが用いられる（図1-1）。安全で効果的なテーピングには正しい保管・準備と、目的に見合った巻き方を理解することが大切である。

テーピング保管のポイント

・直射日光の当たる高温多湿の場所は避ける

・通気性の良い場所で保管する

・変形を避けるために，テープを垂直に立てて保管する（図1-2）

・古く劣化したテープは練習用等にして，選手には新しいテープを使用する

テーピング準備のポイント

・汗をよく拭く

・土などの汚れは，よく落とす

・体毛はできるだけ剃る

・皮膚を保護するためにアンダーラップを巻く（図1-3）

図1-1　テーピング・用具一式

図1-2　テーピングの保管（置き方）

図1-3　アンダーラップ（左肘）

POINT

テーピングにより痛みが減ってもケガが治ったわけではなく、リハビリの継続が大切である。テーピングは身体の構造を理解して巻かないと固定が不十分となり、また締め付けによる血行不良や、摩擦による擦り傷が生じることがある。

A.　シンスプリント

足関節のテーピング

足関節は捻挫が最も発生しやすい部位である。捻挫を繰り返すと靭帯が緩み、足関節周囲の筋力、協調性、安定性が低下して、ジャンプ着地や切り返し動作の能力が低下する。テーピングは関節安定性向上と再発予防に有効である。

図2-1　足関節テーピングの一例

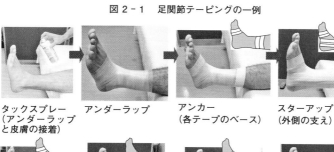

| タックスプレー（アンダーラップと皮膚の接着） | アンダーラップ | アンカー（各テープのベース） | スターアップ（外側の支え） |

 フィギュア・エイト（足首の固定）　ヒールロック（踵の固定）　

アンカー（テープの最終固定）　フィギュア・エイト（足首の固定）　ヒールロック（踵の固定）　ホースシューとサーキュラー（各テープの固定とベース。スターアップと直角の向き）

図2-2　テーピングの巻き方のコツ.

体の形状に合わせてテープの走行を斜めにするなど工夫する。

図2-3　持ち方のコツ.

母指球をうまくつかって、テープがよじれないように工夫する。

図2-4　切り方のコツ.

テープの素材を考慮して、母指と人差し指で素早く切る。

POINT

テープをきれいに効果的に巻くには、持ち方や切り方などにコツがある（図2-2〜2-4）。正しい巻き方を専門書で習得したり、トレーナーに習いたい。

D　アスリハの知識

Q.　□を埋めよ。足関節捻挫は最も頻度の高いスポーツ外傷の1つであり、テーピングは関節の□□□性を向上させ、再発予防に有効である。

装具・サポーター

ケガ・故障をした部位を保護・固定するために装具やサポーターが使用される。市販のものから、医療機関で処方される専門的なものまで様々なタイプがあり、それぞれ目的や使用方法が異なる。予防のために使用する場合もある。金属を使用している装具は、ルールによって試合中に使用できないものもあるので、前もって確認する必要がある。

杖

松葉杖、ロフストランド杖などの様々なタイプがあり、歩行中に脚のケガを保護するために使用される。脇あてやグリップの高さを正しく合わせることがポイントである（図3-1, 3-2）。

装具

それぞれの関節や部位のために作られた様々なタイプがある（図3-3～3-5）。金属やプラスチックなどの硬い素材が使われているためサポーターよりも固定力が高い。医療機関で身体のサイズを測って処方されるものが多い。

サポーター

それぞれの関節・部位別に作られた様々なタイプがある（図3-6～3-8）。ウェットスーツ素材やゴムなどの弾力性のある素材で作られているため装着感は良いが、装具に比べて固定力が低い。

POINT

杖、装具・サポーターは誤った使用により、血行不良、擦り傷、タイトネスなどの問題が生じることもある。特に医療機関で処方された専門的な装具については、医師、理学療法士、義肢装具士などの指示に従うことが大切である。

図3-1　松葉杖の調節
（左：正面、右：横）

図3-2　ロフストランド杖の調節

脇あて：脇から4-5cm下にある

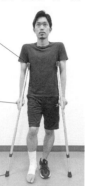

約15度

I 4-5cm

グリップ：大腿外側の隆起している骨（大転子）の高さ

接地部：少し開いてつく

前腕カフ：前腕筋が最も太くなっている高さ

グリップ：大腿外側の隆起している骨（大転子）の高さ

図3-3　肩装具

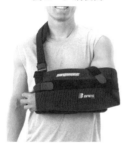

図3-4　肘装具

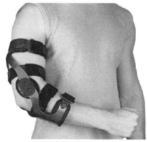

図3-5　膝装具

図3-6　肘サポーター

図3-7　膝サポーター

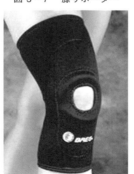

図3-8　足サポーター

D
アスリハの知識

一問一答　068
Q.　□を埋めよ。　　　　杖を用いる時は、脇を脇あてから4〜5cm離して使用する。

選手・チームと共に生きるチームドクターの価値観

ラグビー選手のメディカルについて、ラグビー日本代表ドクターを務めるスーパードクター・高森草平先生にお話を伺いました。

—— ラグビーの試合・遠征に帯同する際、いつも気を付けていることはありますか。

高森 グランドにいる時だけでなく、食事の時など普段の生活の中で一人一人の選手の顔をよく見るようにしています。なので、遠征中は食事会場の入り口近くの椅子に座ってコーヒーを飲んでいることが多いです。

病院で外来診療をしている時は、何かで困っている選手が外来に来ますので、問題点があれば選手から教えてくれます。

しかし、試合、遠征の帯同となると、困っていない人が大半です。困っていない選手から、細かなコンディションの変化を感じとるには、普段の表情を見ておく事は重要かなと思っています。

—— けがしたのち、ラグビーに復帰させる基準はありますか。

高森 怪我が治って直ぐに復帰したいところですが、なかなかそうもいきません。明確に基準を定めているわけではないですが、怪我のリハビリ中に、怪我につながりそうな身体の問題点も指摘して、一緒にリハビリをしてもらいます。

また、技術的な部分ではコーチと直接連携を取るようにしています。怪我の再発や他の怪我のリスクをできるだけ洗い出し、選手の身体がラグビーできる準備がしっかりと整ってからの復帰を勧めています。『怪我をしてしまって、チームや仲間に申し訳ないと思うなら、怪我する前より強くなって復帰しよう！』と声を掛けるようにしています。

—— 選手・監督とのコミュニケーションで気を付けていることはありますか。

高森 選手を中心に考え、監督・コーチと対等である事。選手に対しては、選手との距離感が近くなり過ぎないように気を付けています。また、選手、監督、コーチ等の経験則に流されないように、チームに関わる全ての人の中で中立的な立場でいるように心がけています。

—— ラグビーの外傷予防に大切なことは何でしょうか。

高森 正しい技術と正確な怪我の知識だと思います。どういう怪我が起こりうるから、こういう準備・練習が必要、という形で整理できていると、より怪我の少ない選手になれると思います。

—— どうも有り難うございました。

高森草平 神奈川県出身。愛媛大学医学部医学科卒業。横浜南共済病院整形外科勤務。6歳から藤沢ジュニアラグビースクールでラグビーを始め、研修医までプレー。ポジションはスタンドオフ。

E章

スポーツ医学
全般の知識

スポーツと栄養

You are what you eat. あなたは、あなたの食べたものでできている。スポーツ選手にとって栄養は、①リスクマネジメント（故障の予防、栄養障害による競技力低下の予防）、②健康の増進、体力・競技力の向上（パフォーマンス向上のための体づくり）のために大切である。エネルギーの不足や過剰摂取にならないよう、糖質、タンパク質、脂質の三大栄養素やビタミン、ミネラルなどのバランスの良い食事管理をしたい。

エネルギー必要量

　消費するエネルギーは、競技種目のカテゴリーによって異なり、オフトレーニング期と通常練習期で必要なエネルギーの計算式が提唱されている（国立科学センター）。体重と体脂肪率から計算できるので、一度計算しておきたい。

三大栄養素

糖質
パン・ごはん
いも・麺類

脂質
植物油
動物油

タンパク質
肉・魚・卵・豆

推定エネルギー必要量
＝28.5 x 脂肪を除いた体重 x 身体活動レベル

脂肪を除いた体重＝体重 － （体重 x 体脂肪率）

身体活動レベル

種目カテゴリー	オフトレーニング期	通常練習期
持久系	1.75	2.50
筋力・瞬発力系	1.75	2.00
球技系	1.75	2.00
その他	1.50	1.75

アスリート基本の食事

　エネルギー摂取量および栄養素を過不足なく摂取するためアスリートの食事として、①主食（ご飯、パン、麺）、②主菜（肉、魚介、卵、豆）、③副菜

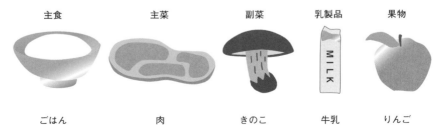

主食　　　主菜　　　副菜　　　乳製品　　　果物

ごはん　　　肉　　　きのこ　　　牛乳　　　りんご

（野菜、キノコ、海藻）、④牛乳・乳製品、⑤果物の5つを揃えたい。牛乳でお腹がゆるくなる場合には、他の食品でカルシウムを摂るようにする。

補食

　補食はおやつではなく、足りない栄養素を補うための食事である。糖類は体内で分解されるときにミネラルやビタミンB1が必要になる。甘いジュースやスナック菓子にはビタミンB1は少なく推奨されない。又、ナトリウムとリンの含有量が多く、カルシウムの吸収を妨げるため補食としては推奨されない。リンは骨の材料にもなるが多すぎると問題になる。肉や魚などタンパク質の具の入ったおにぎりや果物、果汁100%ジュースなどが適している。

試合当日の食事

　試合当日の食事は、糖質を十分に摂取し、脂質を控えることが基本である。

　試合開始時間の3時間前までには食事を済ませておく。丼物のメニューや鍋、お餅を活用したり、カボチャや芋類のメニュー、果物の活用を推奨する。消化に時間のかかるステーキやトンカツなどの揚げ物、生の刺身や刺激物、繊維の多いものなどは控えた方がよい。緊張していると消化に普段より時間がかかるので腹八分目にする。お腹がすく場合、試合開始の1時間前までにおにぎりやバナナを、1時間切ったあとはエネルギー補給用のドリンクやゼリーを摂取する。

　試合後は、身体の修復、筋肉の回復のため、糖質とタンパク質をしっかり補給する。

※エネルギー源となる炭水化物を糖質と表記

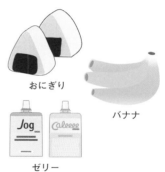

おにぎり

バナナ

Jog　Caloeee

ゼリー

試合開始前のエネルギー補給

Q. スポーツ選手にとって適切な食事管理は重要であり、三代栄養素とビタミン・ミネラルのバランス良い食事を心がけたい。3大栄養素を3つ述べよ。

水分と塩分の補給

　運動時に適切な水分補給を行わないと脱水となり、熱中症を引き起こす。運動前に250〜500 mL の水分補給することが望ましく、競技中も1時間あたり500〜1000 mL の水分の補給をすると良い。また、汗にはナトリウム（塩分）が含まれており、大量の発汗により塩分が損失すると熱痙攣を起こす。運動中には塩分を含む水分（スポーツドリンクなど）の摂取が望ましく、3時間以上続く運動では必須である。運動後も発汗や排尿により、水分が失われるので、水分補給を継続する。

　練習前後で体重を計測することで、失われた汗の量を計測することができる。体重減少が2%を超えないように水分補給をする。又、尿の色でも脱水状態を確認することができる。一度に大量の水分を摂取しても、吸収できる量は決まっているので、こまめに水分を補給するようにすることが大切である。薬剤やサプリメントが熱中症の原因となることがあるので注意する。

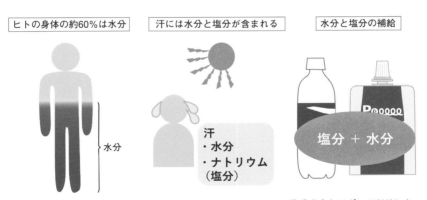

ヒトの身体の約60%は水分

水分

汗には水分と塩分が含まれる

汗
・水分
・ナトリウム
（塩分）

水分と塩分の補給

塩分 ＋ 水分

塩分を含むスポーツドリンク
ナトリウム40-80mg/100ml の補給

A.　糖質・タンパク質・脂質

腸とパフォーマンス

　食生活の乱れ、ストレス、食品添加物、農薬等によって腸内細菌のバランスが崩れると腸内環境が悪くなり、その結果、免疫力が低下し、病気にかかりやすくなる。又、腸内環境の悪化により消化吸収能力が低下するとリカバリーや増量に影響が出てしまう。栄養素が何か一つ不足しても健康のバランスは崩れてしまう。選択する食品の「質」を高めていき、腸内環境を整え、消化吸収能力を上げることも大事な要素である。食品を選ぶときは**食品の成分表示**を見る習慣をつけることを推奨する。

腸管

★　腸内細菌

●　免疫細胞

POINT

「各競技に合わせて食事を選択する」「考えて食べる」。

食品の質が変わると体の質も変わりパフォーマンスに大きく影響する。どのような食事をしてきたか、何を食べるか、何を食べないか、どう食べるか、が重要である。

E
スポーツ
医学全般

Q.　熱中症予防として体重減少の何％を超えないよう水分を取ることが適切か。

女性とスポーツ

近年、女性アスリートの活躍が目覚ましく、その人気が男性のスポーツを上回ることも多い。女性には特有のホルモン周期や身体的特徴があり、男性とは異なるトレーニングを組み立てる必要がある。また女性に特有のスポーツの障害があることを知っておきたい。

発育・発達と第二次性徴

8歳頃までは男女差なく発育するが、女子は8歳頃から身長発育速度が大きくなり、12歳がピークとなる。14歳がピークとなる男子よりも成長が早い。思春期には脳内から出るホルモンにより第二次性徴があらわれ、女性では乳房の発達などのほか、月経が起こる（第一次性徴は生まれてすぐ分かる男女の性器に見られる特徴のこと）。

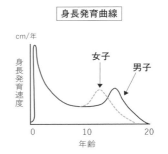
身長発育曲線

男性と女性の性差

思春期前は男女で同等の身体パフォーマンスを示すが、成人女性の筋力や瞬発力は男性の60〜70％、持久力は男性の90〜95％であり、肺活量や血液量も男性が高い値を示し、女性が男性より高い値を持つものは体脂肪となる。思春期以降のトレーニングは男性より負荷を減らして行った方がよい。

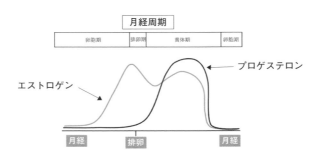
月経周期

女性アスリートの三主徴

　継続的な激しい運動トレーニングが原因で生じる「利用可能エネルギー不足」、「無月経」、「骨粗鬆症」、を女性アスリートの三主徴と呼ぶ。利用可能エネルギー不足は、運動のエネルギー消費量に対する食事のエネルギー摂取が不足した状態である。この状態が続くと脳からのホルモン分泌や骨代謝などに影響を及ぼす。これまでにあった月経が激しい運動により3か月以上停止した状態を運動性無月経と呼び、摂食障害や精神的・身体的ストレス、体重の減少などが原因となる。体操、新体操、フィギアスケート、陸上長距離などで頻度が高い。骨粗鬆症は、骨量の減少により骨折しやすい状態であり、閉経後や老人性の骨粗鬆症が知られている。無月経が続く女性アスリートでは、骨量減少により疲労骨折を起こしやすくなる。

　これらを予防するには、トレーニング強度の調整、体重のチェック、バランスの取れた食事の管理が重要となる。男性指導者は女性に対する気配りも必要であり、食事管理は家族のサポートも重要となる。3か月以上月経がない場合や、15歳でも初経が来ない場合は、産婦人科の受診が勧められる。

　女性の身体と男性の身体は生物学的に違う。女性ホルモンの分泌が乱れたり、エネルギーが食事でまかないきれない量のトレーニングはすべきではない。女性アスリート三主徴の発端となるのは利用可能エネルギー不足である。3食の食事以外に補食の量や質についても検討すべきである 。

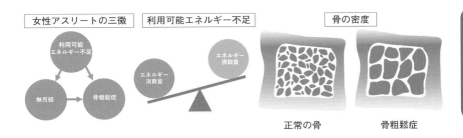

| 女性アスリートの三徴 | 利用可能エネルギー不足 | 骨の密度 |

正常の骨　　　　骨粗鬆症

Q. 継続的な激しい運動トレーニングで生じる女性アスリートの三主徴の中で、利用可能エネルギー不足、運動性無月経が生じた結果、骨の密度が低下した状態を何と呼ぶか。

成長期のスポーツ

わが国では運動不足と運動過多の2極化が生じており、バランスの良いスポーツ環境の整備が望まれる。小児は発育・発達の過程にあり、成長は個人差が大きいため、個々に応じた運動やトレーニングを考える必要がある。小児は脱水や熱中症になりやすい。

骨の成長

成長期の骨は、骨を覆う骨膜の部分で太くなり、骨端線（成長線）で長くなる。身長の伸びは骨の成長に依存する。上腕骨では肩に近い側、橈骨や尺骨では手に近い側、大腿骨と脛骨では膝に近い側の骨端線で主に長く伸びる。骨の成長速度のピークは女子で早く、身長の伸びが止まるのも男子より早い。

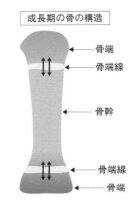

成長期の骨の構造

- 骨端
- 骨端線
- 骨幹
- 骨端線
- 骨端

骨端症

成長期では骨の成長速度が、筋肉や腱の成長速度より速い。このため、筋肉や腱による牽引力が過大になり、腱の付着する骨端に痛みを生じることがあり、骨端症と呼ばれる。アキレス腱が付着する踵骨ではシーバー病、大腿四頭筋からの膝蓋腱が付着する脛骨ではオスグッド病と呼ばれる。ハムストリングの始まりである坐骨部に痛みを生じることも多い。痛みが引くまで運動を休止し、ストレッチを含めたリハビリを行い、段階的に競技復帰することが重要である。

踵骨の骨端症

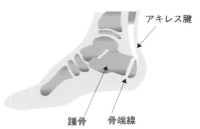

- アキレス腱
- 踵骨
- 骨端線

A．骨粗鬆症

成長期の内因性スポーツ障害

　小児の突然死の約６割が運動中に生じており、致死的不整脈が原因と考えられている。また、野球やサッカーなどで前胸部にボールが当たり、重篤な不整脈により突然死する心臓震盪（しんぞうしんとう）が報告されており、一刻も早くAEDを行うことが大切である。AEDは誰でも簡単に行うことができ、心肺停止と判断した場合には迷わずに行いたい（p.48）。

心臓震盪　　　　　　　　　　　　　　　AED

　小児は成人より体の水分割合が多く、代謝が早い割に腎臓の機能が未熟なため脱水や熱中症になりやすい。発熱や嘔吐（おうと）、下痢などの症状がある時は運動は控える。また、WBGT（湿球黒球温度）を指標に運動を行う（p.177）。運動前と運動中の水分および塩分の補給をすることも重要である。激しいトレーニングを行っている選手の中にはオーバートレーニングとなり、疲労の蓄積、気分の変調、風邪をひきやすいなどの症状が続くこともあり、無理のない練習を行いたい。

スポーツ活動中の熱中症予防５ヶ条

| １. 暑いとき、無理な運動は事故のもと |
| ２. 急な暑さに要注意 |
| ３. 失われる水と塩分を取り戻そう |
| ４. 薄着スタイルでさわやかに |
| ５. 体調不良は事故のもと |

スポーツ活動中の熱中症予防ガイドブック
（公益財団法人日本スポーツ協会より）

WBGTを指標に

画像提供：タニタ

一問一答　072

Q. 成長期に、筋肉や腱より骨の成長速度が早いことが一因となり生じる、腱の付着する骨端部に痛みを生じるスポーツ障害を何と呼ぶか。

4

障がい者とスポーツ

パラスポーツの父、グットマン博士の「失ったものを数えるな、残された機能を最大限活かせ」の言葉のように、障がいがあっても、諦めることなく、スポーツに挑戦する選手たちがいる。誰もがともに、安全にスポーツを楽しむことができるよう、パラスポーツへの理解の促進が望まれる。

パラスポーツとは

パラスポーツとは、生まれつき、あるいは病気や事故などによって障がいがある人が行うスポーツである。障がいには身体障がい、知的障がい、精神障がいがあり、さらに身体障がいは、肢体不自由・視覚・聴覚言語・内部に分けられる。

障がいの種類（概要）	
身体 障がい	肢体不自由
	視覚障がい
	聴覚言語障がい
	内部障がい
知的障がい	
精神障がい	

障がいの種類や程度は違っても、用具やルールを工夫することで、それぞれの能力を活かし、公平に競い合えるよう考えられている。また「ボッチャ」のように障がい者のために独自に考案されたスポーツも存在する。

パラスポーツの分類

パラスポーツは、もともとは日常生活動作の自立や職業復帰に向けたリハビリテーションの一環として導入されていたが、徐々に生活の質の向上を得る手段としても導入され、近年では競技性を追求する超エリート性志向へと変化している。そのため、パラスポーツの分類には、医療レベルのリハビリテーションスポーツ、地域・在宅で健康の維持や社会参加などのために行う市民スポーツ、競技性の高い競技スポーツがある。

A．骨端症

用具やルールの工夫

　パラスポーツでは、身体の動きを補う**用具の性能**が競技の結果に大きく影響を及ぼす。そのため、パラスポーツで使用する車いすは日常生活用のものとは異なる。また、陸上競技、車いすバスケットボール、車いすテニス、車いすラグビーとそれぞれの競技の特性に合わせて異なる車いすを用いている。義手や義足も「走る」「跳ぶ」などの競技動作を可能にするため、独特の形状をしている。さらに、車いすテニスでは2バウンド以内の返球が可能であったり、視覚障がいの選手が行う柔道では選手が互いに組んだ状態から試合を開始するなど、障がいに合わせて安全に平等に競技が行えるよう**ルール**の工夫がされている。

一般の競技と異なるルールの工夫の例

車いすテニス	2バウンド以内の返球が認められる。
ブラインドテニス	全盲の選手は3バウンド以内、弱視の選手は2バウンド以内の返球が認められる。
柔道	お互いに組みあった状態から試合を開始する。
水泳	下肢の障がいなどにより飛びこみによるスタートが困難な場合には水中からのスタートとするなど、障がいに合わせたスタート方法が認められる。
車いすフェンシング	車椅子からおしりを浮かしてはならない。
陸上競技（リレー）	バトンを持つことができない選手もいるため、バトンの変わりに身体にタッチすることで次の走者につなぐ。
シッティングバレーボール	下肢に障がいのある人でもバレーボールができるようにネットの高さを低くし、コートも狭い。また、おしりを床につけたままプレーする。

E
スポーツ
医学全般

Q.　パラスポーツにおいて、障がいの程度や種類が競技結果に影響しないよう、公平性を保つため、同程度の障がいで競技を行うグループをつくることを何と呼ぶか。

公平性を保つ工夫

　障がいと言っても、腕や脚、視覚、聴覚など種類も程度も異なる。そのため、パラスポーツでは障がいの程度や種類が競技結果に影響しないよう、公平性を保つために様々な制度が導入されている。陸上競技などでは同程度の障がいで競技するグループをつくるクラス分け（障がい区分）が行われている。また、障がいの程度や種類に関わらず、競技に参加するすべての選手にチームの一員になるための平等な権利と機会を保障するため、ポイント制度を用いている競技もある。車いすバスケットボールは障がいの程度に応じて8クラス（1～4.5点の0.5点刻みで低いほど障がいの程度が重い）に分かれる持ち点を各選手にあたえ、コート上にいる5人の選手の持ち点の合計点は14.0点を超えてはいけない。そのため、障がいの程度の重い選手が含まれないとチームを組めないようになっている。その他、アルペンスキーやクロスカントリースキーなどでは計算タイム制が導入されており、障がいの程度によって係数を決め、実際のタイムにその係数を掛けた計算タイムで順位を決定する競技もある。

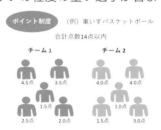

パラスポーツを支える人々

　パラスポーツでは、選手が競技を行っていくうえで、多くの人の協力が欠かせない。例えば、視覚障がいを補うため、陸上競技では伴走する「ガイド」が、5人制サッカーではピッチの状況や指示を出す「コーラー」がいるなど補助者が一緒に競技を行い、方向や位置を教えている。また、車いすや義手、義足など使用する用具を作ったり、調整するメカニックや義肢装具士の存在も大きい。さらに、クラス分けや選手の持ち点の評価や確認を行うクラシファイヤーと呼ばれる判定員もいる。障がい者が安全に平等に、そして楽しくスポーツに参加できるようにサポートする役割として、公益財団法人日本パラスポーツ協会では、パラスポーツ指導員（初級・中級・上級）、パラスポーツコーチ、パラスポーツ医、パラスポーツトレーナーの6つの資格制度を定めている。

　　　　A．クラス分け（障がい区分）

コーラー

スタート位置やふみきりの場所、走る方向、ピッチの状況や指示を出すなど必要な情報を声や拍手で選手に伝える役割を担う。また、記憶障がいのある選手にはコマンダーと呼ばれるサポート役が競技場外からコースを伝えることもある。（例）5人制サッカー、陸上競技、馬術など。

ガイド・パイロット

選手と一緒に競技を行い、安全かつスムースにフィニッシュまで進めるようにサポートを行う。陸上競技では選手と1つのひも（テザー）を持ち、声を掛けながら誘導し、一緒に走るが、選手を先導したり、選手より先にフィニッシュラインに到達してはいけない。（例）陸上競技、自転車、トライアスロン、アルペンスキー、クロスカントリーなど。

パラスポーツに伴うケガやトラブル

パラスポーツは、リハビリテーションや仲間づくりなど心身の健康の保持増進に有効である一方、一般的にスポーツで生じるケガに加え、障がいに付随する特有のケガやトラブルが生じ、場合によっては障がいや病気を悪化させてしまうこともある。例えば、脊髄損傷により麻痺がある選手が長時間車いすに乗り、同じ姿勢をとり続けたまま競技を行うことで、床ずれ（褥瘡）が発生する場合などがある。また、障がいの程度や症状などが競技動作に影響するため、例えばテニスや卓球などのラケットの握り方一つとっても、選手によって異なる。そのため、パラスポーツに伴うケガやトラブルの予防は、選手がもともと持つ病気や障がい、使用する用具や競技の特性を十分に理解したうえで、個別に適切な配慮や指導を行うことが必要となる。

E
スポーツ
医学全般

Q. □を埋めよ。パラスポーツに伴うケガやトラブルの予防は、病気や障がい、用具や競技の特性を理解したうえで、　　　　　に適切な配慮や指導を行うことが必要となる。

5

中高年者とスポーツ

中高年の運動では、腰痛や膝痛などの慢性の痛みや心筋梗塞などの全身疾患に配慮が必要である。柔軟性や筋力の低下、心肺機能やバランス機能の低下、疲労回復の遅れなどがでてくるため、青年期と同じ感覚で競技やトレーニングを行うと思わぬケガをする。

加齢に伴う身体の変化

中高年では、基本的な運動能力としての持久力や瞬発力、バランス能力が経年的に低下する。骨量も20〜30才をピークに40代以降に低下してくる。骨量減少は特に女性で顕著である。また、関節や靭帯、腱などの組織の柔軟性が低下し、ケガを起こしやすくなる。

メタボとロコモ

中高年男性の2人に1人、女性の5人に1人がメタボリックシンドローム（メタボ）あるいは予備軍であり、動脈硬化が進行すると、心筋梗塞や脳梗塞など生命に関わる疾患を招く。一方、運動器の障害であるロコモティブシンドローム（ロコモ）では、生命の危険性はないものの、移動能力の低下により生活の質が低下する。骨粗鬆症のほか、膝の関節軟骨や腰の椎間板が傷むことがロコモの原因となるため、適切な運動を継続して筋力を維持したい。また、ロコモになっている中高年者は、軽い体操やトレーニングから行っていきたい。

メタボとロコモは関連する

　　A. 個別

中高年におけるスポーツの意義

中高年におけるスポーツの意義として、メタボや**ロコモ**の予防対策のほか、社会との関わりを持つことなどが挙げられる。近年は、マラソンの人気も高く、市民マラソン大会の数も増えている。また、生涯スポーツの普及・振興を目的として、日本スポーツマスターズが毎年秋に開催される。水泳、サッカー、テニス、軟式野球、バスケットボール、バレーボールなどの種目が行われ、競技志向の高いシニア世代を対象としたスポーツの祭典と言える。

> **関西ワールドマスターズゲームズ**
>
> ワールドマスターズゲームズ
> - 4年ごとに開催される原則30歳以上の人が参加できる生涯スポーツの国際総合競技大会。
> - オリンピックの翌年に開催される。
> - 2021年にはアジアで初めて日本（関西）で開催される。

中高年のケガの特徴と予防

ウォーキングやマラソンでは足底腱膜炎（そくていけんまくえん）、アキレス腱炎などが生じやすい。テニスやサッカーなどの瞬発的な運動では、若者に比べてアキレス腱断裂が生じやすい。中高年がスポーツを始める前には、ウォームアップや、運動後のクールダウンを若いとき以上に行う必要がある。また、生涯を通じてスポーツを継続でき、地域や社会とつながりを持てる環境を整えることが望まれる。

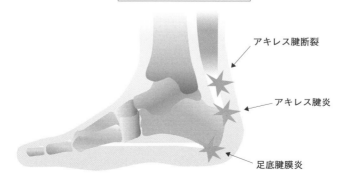

中高年に生じやすい足のケガ

- アキレス腱断裂
- アキレス腱炎
- 足底腱膜炎

一問一答 075

Q. 中高年者において、運動器の障害のために移動機能が低下した状態を何というか。

6

スポーツと全身

運動は健康にとってプラスの効果を出すが、ときに重篤な障害を引き起こす。心肺停止に対する心肺蘇生法、熱中症の予防については十分理解しておきたい。

スポーツと突然死

突然死はランニング、水泳、ゴルフ、体操などで多く発生しているが、これらのスポーツが危険というより、中高年で冠動脈硬化などの危険因子を持った人が参加しやすいスポーツであるためと考えられる。普段は無症状でも、潜在的に致死的な不整脈を有していることがあるため、心電図検査は重要である。小児では、胸部の衝撃によって致死的不整脈が誘発される心臓震盪が起こりうる。心肺停止の現場に居合わせることはまれだが、心肺蘇生法やAEDの使用法の知識は持っておきたい（p.48）。

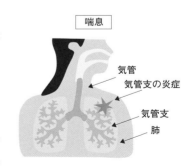

心電図

AED

画像提供：フクダ電子（株）

スポーツと喘息

喘息は、アレルギーなどが原因で気道が過敏となり、咳や喘鳴、呼吸困難が生じる疾患で、スポーツ選手が患っていることも多い。また、寒い時期の運動が刺激となる喘息もある。喘息は吸入や内服によるコントロールが重要だが、治療薬にドーピングの禁止物質が含まれているものもあり、禁止薬物が含まれていない薬への変更が必要である。

喘息

気管
気管支の炎症
気管支
肺

A．ロコモティブシンドローム（ロコモ）

オーバートレーニング症候群

　トレーニングによる疲労と回復のバランスが崩れ、慢性的な疲労が続き、競技力が低下した状態である。重症になると日常生活でも疲労感が強く、抑うつ状態となる。通常、トレーニングによる負荷により疲労が起こり休息をとる事で回復し、その後さらに身体能力の向上が得られる超回復の状態となり、元に戻る。この過程の反復により、トレーニング効果が得られるが、体力が回復していない間に負荷が過剰になる逆効果となる。全身の倦怠感や疲労感のみでなく、体重の減少や回復時間の延長、収縮期血圧の上昇、筋組織や腱を易損傷傾向、抑うつ感の増大、睡眠障害など、様々な症状が出現する。治療は、十分かつ適切な量の休息を取る事、適度な運動にすることであり、回復に長期を要する場合もある。真面目な性格の選手がなりやすい傾向がある。精神疾患がある場合は投薬が必要なこともある。

紫外線の影響

　紫外線（ultraviolet: UV）は日焼け（サンバーン）を引き起こすだけでなく、疲労の原因にもなる。長期的な影響としては、光老化（シミ、しわ）・皮膚癌の発生もある。よって屋外スポーツ活動の際には日焼け止めを使用すべきである。紫外線防御効果は PA（protection grade of UVA）と SPF（sun protection factor）で表現され、PA は UVA（紫外線 A 波）、SPF は UVB（紫外線 B 波）に対する予防効果を示す。スポーツシーンでは耐水性（ウォータープルーフ）のものがよい。

皮膚感染症

　コンタクトスポーツ（柔道、レスリング、ラグビーなど）では皮膚がこすれ合うことで、とびひ（伝染性膿痂疹）、みずむし・たむし（白癬、トンズランス感染症）、ヘルペスなどの感染症をうつし合ってしまうことがある。蔓延させないためには皮膚科を受診し、適切な治療を受けることが望ましい。

E
スポーツ
医学全般

7

熱中症

熱中症は適切に予防を行えば必ず防ぐことができる。気温に湿度などを考慮した WBGT（湿球黒球温度）を指標にスポーツ活動を行うことが、近年のスポーツ現場における常識となってきた。熱中症は時に生命のリスクを伴うため、熱中症をゼロにする意識が大切である

熱中症とは

熱中症とは、暑さで生じる障害の総称で、気温や湿度が高いほど生じやすい。初期症状として、めまい、立ちくらみ、生あくび、大量の発汗、筋肉痛、こむら返りなどがある（Ⅰ度）。頭痛や嘔吐がある場合（Ⅱ度）、Ⅰ度の症状でも自分で水分摂取できない場合、水分・塩分を補給しても改善がない場合は医療機関を受診した方がよい。水分・塩分の補給で状態が改善している場合は、涼しい場所での経過観察でよい。

意識障害やけいれんがある場合（Ⅲ度）、救急要請が必須である。このような最重症の病態は熱射病とも呼ばれ、生命の危険があり、一刻をあらそう緊急事態である。救急要請をした上で、バスタブで氷水に浸して冷却するのが望ましいが、そのような用意がない場合、水をかけて扇風機などで強力に仰いで冷却する。

熱中症を疑った時のフローチャート

熱射病が疑われる場合の冷却法

バスタブで氷水に浸して冷却

太い血管が通過する部位を冷却

- 頚部
- 脇の下
- 鼠径部

バスタブがない場合、水をかけて扇風機などで強力に扇ぐ

熱中症の予防

汗では水分と同時に塩分も失われるため、スポーツドリンクなどで水分と塩分を補給する（p.164）。運動時は吸湿性や通気性の良い服装とし、帽子の着用が勧められる。疲労、睡眠不足、発熱、下痢などの体調不良時は、体温調節能力の低下により熱中症を生じやすい。小児では成人よりも熱中症になりやすいため、特に注意が必要である。

気温の指標

熱中症対策として、WBGT（Wet Bulb Globe Temperature：湿球黒球温度）を指標としてスポーツ活動を考慮する。WBGT計（p.169）も市販されているが、気象庁のHPでは地域ごとのその日のWBGTの情報を提供しているので、夏場は練習前に確認する習慣をつけたい。WBGT計がなければ、WBGTに対応する乾球温度（通常の気温計）を参考にする。

日本スポーツ協会の指針では、WBGTが31℃を超える場合、原則運動を中止すべきである。特に子供の場合は中止すべきとされている。28〜31℃の場合、激しい運動や持久走など体温が上昇しやすい運動は避ける。また運動する場合には、頻繁に休息をとり水分・塩分の補給を行う。体力の低い人、暑さに慣れていない人は運動中止である。25〜31℃の場合、熱中症の危険が増すので、積極的に休息をとり、適宜、水分・塩分を補給する。激しい運動では、30分おきくらいに休息をとる（水分の取り方はp.164）。

Q. 熱中症予防の温度指標として用いられる湿球黒球温度のことを英語の頭文字4文字で何というか。

8

遠 征 ・ 大 会 救 護

慣れない土地への遠征では、ケガや病気の際に受診できる医療機関を事前に調べ
ておくことが望ましい。また、大会（競技会）の参加は自己責任が原則だが、大
会運営者は基本的な医療サポートを準備しておく必要がある。

海外遠征について

海外遠征では、気候、時差、食べ物
の違いなどにより体調を崩すことも多
く、出発前から体調を整えておきた
い。現地での治療は医療費が日本と比
較して高額な国もあり、海外傷害保険
についても調べておく。また、現地で
流行している感染症などの情報を集
め、必要に応じて予防接種を行う。海
外では衛生状態や飲料水の種類（軟水・硬水）により下痢を起こすことがあ
り、ミネラルウォーターの摂取が勧められる。

海外遠征では体調管理に注意

気候　食事　時差　感染症

大会救護について

大会運営者やスポーツ指導者は選手
が安全に競技を行えるよう努める義務
がある。それでも時に頚髄損傷、不
整脈による心肺停止など、スポーツ現
場での事故は起こる。意識と呼吸がな
く、心肺停止と判断した場合、ただち
に胸骨圧迫を開始し、AED が届き次
第使用する。これらの知識を持った人
は現場に一人でも多い方がよい。

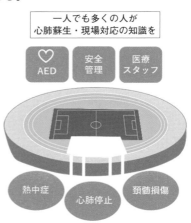

一人でも多くの人が
心肺蘇生・現場対応の知識を

AED　安全管理　医療スタッフ

熱中症　心肺停止　頚髄損傷

A．WBGT

メディカルバッグについて

競技大会や遠征に際し、現場で起こりうる様々な事態に対応できるようにメディカルバッグを準備しておくことが望ましい。テーピング類をはじめとした応急処置に必要なアイテムのほか、選手の急な要望に応えられるようなアイテムも揃えおくと便利である。

必需品リスト

- ☐ テーピング(伸縮・非伸縮)
- ☐ 自着生バンテージ
- ☐ 包帯(綿・弾性)
- ☐ ガーゼ
- ☐ カットコットン
- ☐ 各種絆創膏
- ☐ 使い捨てゴム手袋

- ☐ 固定具(シーネ・副子)
- ☐ 三角巾
- ☐ 氷嚢(アイスバッグ)
- ☐ ラッピングフィルム
- ☐ ビニール袋
- ☐ 防水フィルム
- ☐ タオル

- ☐ ティッシュ
- ☐ ハサミ
- ☐ ピンセット
- ☐ 爪切り
- ☐ 体温計
- ☐ メモ・筆記用具

＋αであると便利なもの

- ☐ コンタクトレンズ
- ☐ 使い捨て目薬
- ☐ 手鏡
- ☐ マスク
- ☐ 綿棒
- ☐ ワセリン
- ☐ 創傷閉鎖用テープ

- ☐ 頚椎カラー
- ☐ ティースキーパー
- ☐ ビニールテープ
- ☐ 保温シート
- ☐ ガムテープ
- ☐ 名刺

一緒に準備するとよい情報

- ☐ 選手の家族等の緊急連絡先
- ☐ 内科的疾患の既往歴
- ☐ アレルギーの有無
- ☐ 休日、夜間の当番医
- ☐ EAP(緊急時対応計画)

現場での使用例

ビニール袋

アイシングの氷を入れる、使用済みガーゼの廃棄

マスク

移動時の喉の乾燥予防・感染予防

ラッピングフィルム

アイシングの固定・広範囲の擦過創に使用

コンタクトレンズ・手鏡

使用の有無を確認し持参
コンタクトレンズの脱着

ビニールテープ

さまざまな物を固定

メモ・筆記用具

経過や患者の情報を記録

E
スポーツ
医学全般

Q. ☐を埋めよ。海外遠征する際には、現地で流行している [＿＿＿] の情報を調べておく。

9

アンチ・ドーピング

スポーツにおいて、ドーピングはフェアプレーに反する不誠実な行為として、全世界で禁止されている。しかしながら禁止物質を含む風邪薬の服用など、意図しないドーピング違反が問題となっている。アンチ・ドーピングの知識は、トップアスリートだけではなく、スポーツに関わる全ての人に必要である。

ドーピングについて

ドーピングとは、競技能力を増幅させる可能性がある手段（主に薬物）を不正に使用することである。アンチ・ドーピング活動（ドーピングに反対してドーピングを根絶する活動）は、スポーツに関わるすべての人の義務である。ドーピングを意図しなくても、風邪薬、花粉症の薬、漢方薬、サプリメントに違反となる物質が含まれていることがあるため、使用の際には内容成分を確認する必要がある。JADA（Japan Anti-Doping Agency：日本アンチ・ドーピング機構）は日本国内のドーピング検査やアンチ・ドーピングに関する啓発活動を行う独立した機関であり、国際的機関では WADA（World Anti-Doping Agency：世界アンチ・ドーピング機関）が中心となっている。

身近な禁止物質について

日本でのドーピング違反の多くが風邪薬やサプリメントに混入していた禁止物質を摂取してしまううっかりドーピングと呼ばれるものである。その中でも多いものがメチルエフェドリンという風邪薬や鼻炎薬などに含まれる、興奮作用のある成分を確認せずに服用してしまったものである。また、咳を止める薬や副腎皮質ホルモン剤、漢方薬の内服などでも失格になった例が日本でも報告されている。漢方薬についても、天然成分だから安心と思われがちだが、葛根湯などに含まれる麻黄（マオウ）という成分に興奮作用のあるエフェドリンが含まれているため、安易に使用しない方がよい。

禁止物質が含まれている可能性があるもの

風邪薬　喘息の薬　サプリメント　花粉症の薬　漢方薬

A.　感染症

ドーピングを防ぐには

　ドーピングの禁止成分は2020年で300品目以上あり、１年を通じて禁止されるもの、競技会の時のみ禁止されるもの、特定の競技のみで禁止されるものなどに分類されており、個人での対応は非常に難しい。検査が行われる可能性のある大会に出場する場合には、スポーツドクターや最新のアンチ・ドーピング規則に関する知識を有する薬剤師である公認スポーツファーマシストなど、専門家に予め相談しておくことが重要である。

世界アンチ・ドーピング規程　2020年禁止国際基準（日本語版）より

常に禁止されている物質	
Ｓ０	無承認物質
Ｓ１	蛋白同化薬
Ｓ２	ペプチドホルモン、成長因子、関連物質および模倣物質
Ｓ３	ベータ２作用薬
Ｓ４	ホルモン調節薬および代謝調節薬
Ｓ５	利尿薬および隠蔽薬
常に禁止されている方法	
Ｍ１	血液および血液成分の操作
Ｍ２	化学的及び物理的操作
Ｍ３	遺伝子及び細胞ドーピング

競技会（時）に禁止される物質	
Ｓ６	興奮薬
Ｓ７	麻薬
Ｓ８	カンナビノイド
Ｓ９	糖質コルチコイド
特定競技で禁止される物質	
Ｐ１	ベータ遮断薬

TUE（治療使用特例）申請について

　病気などの治療目的で薬を使用している選手は、事前に TUE を申請できる。その薬を使用しないと健康に重大な影響を及ぼし、代わりの治療法がなく、使用しても健康を回復する以上に競技力を向上させないと判断された場合、TUE が認められ、例外的にその薬を使用することができる。しかし、医療上の理由でも TUE の承認なしに禁止物質を使用すると、アンチ・ドーピング規則違反と判断される。必要な大会の30日前までに申請する必要がある。

E
スポーツ
医学全般

Q．遠征先で体調を崩したが、チームメイトが念の為と持ち込んでいた風邪薬を問題ないと
言われたので信じて服用した。この対応は適切といえるか。

走れない時期でも、できることをやる

マラソンランナーで数々の成績を残し、現在もマラソンを続けながらさまざまな方面で活躍中の谷川真理さんにお話を伺いました。

——谷川さんのケガの経験を聞かせてもらえますか。

谷川 私は中学・高校と陸上部でしたが、高校卒業から6年のブランクを経て、24歳から本格的にマラソンに取り組み始めました。ですが、最初の3年間くらいはほとんどケガをしませんでしたね。

——ケガをしなかったのに何か理由はありますか。

谷川 そうですね、走る練習の傍ら、腹筋、背筋、腕立て、スクワットなど全身を鍛えていたのが良かったようです。また、私の場合、本格的にマラソンを走り始めたのが遅かったので、若い時期にそこまで身体を酷使しすぎなかったのが良かったのかもしれませんね。身体に伸びしろというか貯金があったというか。走る量が増え、それまでの身体の貯金がなくなった時に膝を痛めたわけです。

——膝のどこを痛めたのですか。

谷川 腸脛靭帯です。走り始めて5年か6年くらい過ぎたころに、腸脛靭帯炎になり、結構厳しかったです。実際、腸脛靭帯炎は2か月くらいで良くなったのですが、その後引き続いて鵞足炎になってしまいました。膝をかばっていたのかもしれません。傷めたのはどちらも右膝で、左膝は大丈夫でした。

——どちらもランナーに多いケガですね。どのように治しましたか。

谷川 その時は、走るのを控え、持久力を落とさないために水泳を取り入れました。ちょうど東京国際女子マラソンに向けてのトレーニング中だったので、走らない代わりに徹底的に泳ぎましたね。あとは筋トレもやりましたよ。

——膝はしっかり休ませつつも、トレーニングは欠かさない、ということですね。現在、マラソンは国民的スポーツになっていますが、一般の方々がフルマラソンを完走するには、どれくらいの練習、準備が必要ですか。

谷川 チャレンジされる方の基礎体力によっても変わりますが、最低でも3か月程の計画的トレーニングは必要ですね。短い距離から始めて徐々に距離を伸ばしていき、下半身を中心に上半身の筋力も強化していく。気軽にチャレンジできるスポーツだけど、ケガをしない身体作りが大切です。

——どうも有り難うございました。

谷川真理 女子マラソン選手。1992年ゴールドコーストマラソン、1994年パリマラソンなど、多くの国際大会で頂点を極めた日本を代表するランナー。現在も現役であり、スポーツコメンテーターとしても活躍する。

A．適切とはいえない。ドーピング禁止物質を含むかどうかの確認は本人の義務であり、スポーツドクターまたはスポーツファーマシストに確認しなければならない。

練習問題

3級 練習問題 ・・・・・・・・・・・・・・・・・・・・・・・・・・・・・・

解答は4つの選択肢の中から1つ選んでください。

問題1

　スポーツがさまざまな脅威により欠けることなく、価値ある状態であることを指す用語として適切なものを選びなさい。

（1）　スポーツマンシップ
（2）　スポーツインテグリティ
（3）　デポルターレ
（4）　スポーツメディスン

問題2

　骨と骨を強固につなぐ　a　は、関節の安定性に重要な役割を果たします。膝関節ではスポーツ活動中に損傷しやすい前十字　a　がよく知られています。　a　にあてはまるものとして適切なものを選びなさい。

（1）　靭帯
（2）　神経
（3）　軟骨
（4）　動脈

問題3

　肩の深層には肩関節の動きや安定性に重要なインナーマッスル（棘上筋、棘下筋、肩甲下筋、小円筋）があります。この4つの筋肉が上腕骨に付着する部分の名称として適切なものを選びなさい。

（1）　膝蓋腱
（2）　腸脛骨靭帯
（3）　腱板
（4）　関節唇

問題4

　スポーツ動作において、「体幹」は姿勢を維持し、動作の軸となり安定感やバランスを保つために重要な部位で、腹部の筋も含まれます。腹部の筋ではないものを選びなさい。

　（1）　腹直筋
　（2）　腹斜筋
　（3）　腹横筋
　（4）　腓腹筋

問題5

　スポーツ現場でケガをした時の応急処置として、RICE 処置は欠かせません。RICE とは、4つの処置の英語の頭文字を並べたものです。これらの処置の英語と日本語の組み合わせとして適切なものを選びなさい。

　（1）　Rest　　　　　 － 　挙上
　（2）　Icing　　　　　 － 　冷却
　（3）　Compression　 － 　安静
　（4）　Elevation　　　 － 　圧迫

問題6

　心肺停止している人への蘇生処置では、AED を使用すると救命率が上昇します。AED の使用方法として適切でないものを選びなさい。

　（1）　AED が到着したら、開いてまず電源を入れる。
　（2）　音声ガイダンスはない。
　（3）　電極パッドは2枚あり、中に入っている絵の通り貼る。
　（4）　AED 作動後は電極を貼ったまま、直ちに胸骨圧迫を継続する。

問題7

　脳振盪は、コンタクトスポーツだけでなく、あらゆるスポーツで生じる可能性があります。脳振盪の記述として、適切でないものを選びなさい。

　（1）　意識がはっきりしていても、脳振盪を起こしているケースはよくある。
　（2）　脳振盪の症状に頭痛やめまいがある。
　（3）　一度、脳振盪を起こすと、その後数週間は２度目の脳振盪を起こしやすくなる。
　（4）　脳振盪を起こした場合、その日のうちにスポーツ活動に戻っても問題ない。

問題8

　肩関節は一度脱臼を起こすと、繰り返し脱臼を生じることがあり反復性脱臼と呼ばれます。反復しやすい原因として図（肩関節を上からみた図）の　a　に示す組織が元通り治癒せず、関節が不安定になることが挙げられます。　a　の組織の名称を選びなさい。

　（1）　関節唇
　（2）　上腕骨頭
　（3）　腱板
　（4）　半月板

肩関節を上から見た模式図

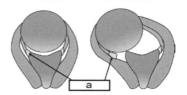

膝関節を横から見た模式図

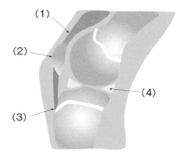

問題9

　大腿四頭筋は膝蓋骨、膝蓋腱を介して脛骨粗面に付着します。成長期の脛骨粗面は力学的に弱く、繰り返し負荷が加わり痛みが生じるものをオスグッド病と呼びます。オスグッド病で痛みが生じる部位を選びなさい。

問題10

　アキレス腱断裂は、30〜40代に発生しやすい外傷であり、スポーツ復帰まで長期間を要します。アキレス腱断裂の記述として、<u>適切でないもの</u>を選びなさい。

（1）　後ろからアキレス腱を蹴られた、と受傷時の感覚を表現することが多い。

（2）　受傷直後の RICE 処置は必要ない。

（3）　治療にはギプスや装具を用いた保存治療と、腱を縫合するなどの手術治療がある。

（4）　アキレス腱が断裂していても、歩行が可能なこともある。

問題11

　スポーツ選手のリハビリテーションの過程における記述として、<u>適切でないもの</u>を選びなさい。

（1）　プレーが続行できないほどのケガをした後は、早めに医療機関を受診する。

（2）　日常生活の復帰までは、医療機関でのメディカルリハビリテーションが重要である。

（3）　強い腫れや痛みが残っていても、一定期間が過ぎた後は競技に復帰する。

（4）　競技復帰に際しては、段階的に練習量を上げていく。

問題12

　筋肉には表層にあるアウターマッスルと深層にあるインナーマッスルがあり、体幹においてもこれらをバランスよく強化することが重要です。体幹トレーニングを行っているものとして、適切なものを選びなさい。

（1）　　　　　　（2）　　　　　　（3）　　　　　　（4）

問題13

　下肢のケガは不良な走行フォームや下肢の使い方が原因になることが多く、アスリハで正しいスクワット動作を繰り返し行い、下肢の使い方を改善することが大切です。適切なスクワットの姿勢を選びなさい。

（1）　　　　　　　　（2）　　　　　　　　（3）　　　　　　　　（4）

問題14

　利用可能エネルギー不足、無月経とならび、「女性アスリートの三主徴」として適切なものを選びなさい。

　（1）　甲状腺ホルモン低下症
　（2）　骨粗鬆症
　（3）　肥満
　（4）　筋力不足

問題15

　熱中症に関する記述として適切なものを選びなさい。

　（1）　乾球温度が31〜35℃の日は、熱中症のリスクは低く安全と言える。
　（2）　体温が40℃を超えた場合を熱中症と呼ぶ。
　（3）　帽子をかぶると熱がこもるため、夏の着用は勧められない。
　（4）　意識障害がある場合、救急要請が必要である。

問題16　ケーススタディ

Aさん、スポーツ：ラグビー（21歳・男性）

　夏合宿中の練習試合でタックルに行った際、相手の膝で頭部を強打してピッチに倒れました。トレーナーのBさんがAさんに駆け寄った時点で意識はありましたが、Bさんがチェックをしているうちに徐々にAさんの意識状態が悪化して呼びかけにも反応しなくなりました。トレーナーのBさんの対応として最も適切なものを選びなさい。

（1）　心臓震盪と考え、直ちに胸骨圧迫を行う。

（2）　急性硬膜下血腫が疑われるため、直ちに救急要請を行う。

（3）　脳振盪が疑われるので、立ち上がらせてバランスチェックを行う。

（4）　熱中症と考え、涼しいところでしばらく経過をみる。

問題17　ケーススタディ

Cさん、スポーツ：バスケットボール（13歳・女性）

　7月の暑い日に中学校のバスケットボールの試合が行われました。Cさんは前日から風邪を引いていましたが、症状が軽かったため試合に出場しました。しかし試合の途中から気分が悪くなり、吐き気を訴えて交代しました。顧問のD先生がCさんに話しかけた時、Cさんは意識が朦朧として返事ができない状態でした。D先生の対応として適切なものを選びなさい。

（1）　Cさんを涼しいところに移動させ、十分に休ませた。

（2）　Cさんの頭を氷で冷やし、風邪薬を飲ませた。

（3）　すぐに救急要請をした。

（4）　次の試合に出場してもらうため、Cさんに体を動かすよう指示した。

2級 練習問題 ••

解答は４つの選択肢の中から選んでください。

問題１

スポーツに関する用語で適切なものを選びなさい。

（１）　スポーツという言葉の起源は physical education である。

（２）　ハラスメントやガバナンスの欠如により、スポーツインテグリティが保たれる。

（３）　近代オリンピックは嘉納治五郎の提案により生み出された。

（４）　パラリンピックの起源はイギリスのストーク・マンデビル病院で脊髄損傷後のリハビリテーションとして行われていたスポーツの競技会である。

問題２

　心臓は筋肉でできており、血液をポンプのように送り出す働きがあります。身体を循環している血液は、全身で酸素が使われて二酸化炭素を多く含む血液となり、心臓に戻った後、　a　から肺に送り出されます。肺で酸素を多く含む血液となって心臓に戻った後、　b　から再び全身に送り出されます。　a　と　b　の組み合わせとして、適切なものを選びなさい。

（１）　ａ．右心室、　ｂ．左心房

（２）　ａ．右心室、　ｂ．左心室

（３）　ａ．右心房、　ｂ．左心房

（４）　ａ．右心房、　ｂ．左心室

問題３

　足関節は、脛骨、腓骨、　a　によって形成されています。　a　の後方にある三角骨は足関節底屈時の痛みの原因になることがあります。次のうち　a　にあてはまるものとして適切なものを選びなさい。

（１）　立方骨　　　　　　　　　　（２）　距骨

（３）　踵骨　　　　　　　　　　　（４）　舟状骨

問題4

体幹の深層にあり、腰椎と大腿骨をつなぎ、股関節を曲げる働きをしていて、歩行やランニングにおいて極めて重要な役割をする筋肉として、適切なものを選びなさい。

（1）　腸腰筋
（2）　大殿筋
（3）　中殿筋
（4）　大腿筋膜張筋

問題5

心肺蘇生に関する記述として適切なものを選びなさい。

（1）　死戦期呼吸と判断したが、心肺蘇生は行わなかった。
（2）　呼吸の有無を確認するため、口と鼻を目視で観察する。
（3）　一般の人が心肺蘇生を行う場合、気道確保や人工呼吸は必ずしも必要ではない。
（4）　一般の人が心肺蘇生を行う場合、胸骨圧迫は必ずしも必要ではない。

問題6

脳振盪を起こした後は段階的競技復帰のプロトコールに従うことが推奨されており、成人では各段階は24時間以上あける必要があります。段階的競技復帰のプロトコールの記載として、適切なものを選びなさい。

（1）　段階2：完全休養
（2）　段階3：軽い有酸素運動（ウォーキング）
（3）　段階4：スポーツに関連した運動（ランニング）
（4）　段階5：メディカルチェック後に接触プレー

問題7

　図は、投球時の右肩関節の模式図です。投球動作により生じるリトルリーガーズショルダーにおいて損傷する部位はどこか、適切なものを選びなさい。

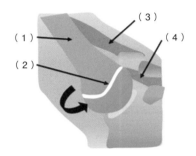

問題8

　槌指（マレットフィンガー）の起こる部位として、適切なものを選びなさい。

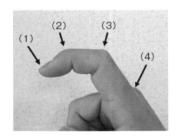

問題9

　半月板は膝の大腿骨と脛骨の間にある、クッションの役割をする組織です。半月板損傷に関する記述として、適切なものを選びなさい。

（１）　半月板は直接膝をぶつけて損傷することが多い。

（２）　半月板は軟骨の一種であり、単純X線検査で判別することができる。

（３）　MRI検査で半月板損傷を認めても、症状がない場合がある。

（４）　半月板損傷は前十字靭帯損傷に合併して生じることはない。

問題10

　サッカー選手の中足骨に起こりやすい難治性の疲労骨折としてジョーンズ骨折があります。ジョーンズ骨折において疲労骨折が起こる部位として、適切なものを選びなさい。

問題11

　スポーツ復帰に向けた段階的なアスリハにおいて、再発予防のためのアジリティトレーニングを開始する時期として、適切なものを選びなさい。
（1）　ケガをした直後
（2）　痛みや腫れが強い時期
（3）　組織が修復される時期
（4）　組織修復が完了した時期

問題12

　伸展型腰痛の原因となる不良姿勢を修正するためのエクササイズとして、適切でないものを選びなさい。

（1）

（2）

（3）

（4）

問題13

肩関節脱臼や投球障害のアスリハでは、肩のインナーマッスルを強化することが重要です。次のうち、写真のトレーニングと強化される筋肉の組み合わせとして、適切なものを選びなさい。

（１）　棘下筋　（２）　肩甲下筋　（３）　棘上筋　（４）　小円筋

 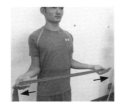  

問題14

栄養に関する記述として適切なものを選びなさい。

（１）　五大栄養素とは、糖質・タンパク質・脂質・ビタミン・食物繊維のことをいう。

（２）　エネルギーの消費量は、一般的に男性の方が多いとされている。

（３）　試合当日は、脂質を多く含む食事を摂取し、エネルギー補給に努める。

（４）　競技後の食事は、身体と筋肉の回復のため、糖質・タンパク質をしっかり補給する。

問題15

女性とスポーツに関する記述として、適切なものを選びなさい。

（１）　女性の場合、過度なスポーツが無月経の原因となることがある。

（２）　激しい運動により６か月以上月経が停止した状態のことを、運動性無月経という。

（３）　成人男女の性差として、肺活量や筋量は男性が高い値を示し、女性は体脂肪や瞬発力が高値を示す。

（４）　女性の第二次性徴に最も関与するホルモンは、テストステロンである。

問題16　ケーススタディ

Aさん、スポーツ：バドミントン（34歳・男性）

　職場のバドミントン大会の試合中、Aさんが突然唸るような声を出して倒れました。そばにいたBさんが駆け寄り、声かけに反応がないことを確認し、胸骨圧迫を開始するとともに周囲の人に救急車の要請とAEDを持ってくるように指示しました。AEDの使用法として適切なものを全て選びなさい。

（1）　電極パッドを装着し心電図解析を行う。

（2）　1度ショックを行ったら電極パッドを剥がしてから胸骨圧迫を継続する。

（3）　音声ガイダンスに従い操作する。

（4）　ショックの適応と判断された場合は、胸骨圧迫を継続したままショックボタンを押す。

問題17　ケーススタディ

Cさん、スポーツ：レクリエーション・ラグビー（40代・男性）

　Cさんは久しぶりに参加したラグビーで無理な体勢でパスをキャッチした際に、強い衝撃音と誰かに後ろから蹴られたような感覚があり、アキレス腱を断裂しました。手術をすることになったCさんの術後リハビリで適切でないものを選びなさい。

（1）　術後はギプスや装具で足関節を固定して歩行し、患部外のトレーニングから始める。

（2）　術後2週でギプスや装具を外し、ジョギングを徐々に開始する。

（3）　ランニングが許可されるのは、片脚でのスクワットやつま先立ちができてからである。

（4）　競技復帰には通常6か月程度を要する。

3級 練習問題・解答と解説 ··········

問題1：（2） 【参照 p.19】

　スポーツ界が一丸となって、スポーツの価値ある状態であるインテグリティを重視することが大切である。

問題2：（1） 【参照 p.27,84】

　靭帯はコラーゲン線維からできており、骨と骨をつなぎ、関節を安定させる。前十字靭帯は膝の安定性にとても重要な靭帯で、主に大腿骨に対して脛骨が前方にずれないように防ぐ役割がある。

問題3：（3） 【参照 p.36,71】

　肩における4つのインナーマッスルは、前方・上方・後方から上腕骨を包み込むようにして腱板となり上腕骨に付着している。腱板組織は加齢により徐々に弱くなると考えられており、高齢になるほど腱板損傷の頻度は増加する。

問題4：（4） 【参照 p.41】

　腹直筋は恥骨と肋軟骨を連結して体幹を前屈する際に働く。斜めに走る内腹斜筋と外腹斜筋は体幹を回旋、側屈（横に曲げる動き）する際に主に働く。深層にある腹横筋は脊柱を安定させるように働き、呼吸をコントロールする際にも働く。腓腹筋はふくらはぎにある筋肉である。

問題5：（2） 【参照 p.46】

　外傷が生じた時に最初に行うべき「RICE処置」は以下の通りである。
　・患部を無理に動かさずに安静にする（Rest）
　・アイスパックなどで患部を冷やす（Icing）
　・弾力性のある包帯などで患部を圧迫する（Compression）
　・患部を心臓よりも高く挙上する（Elevation）

問題6：（2） 【参照 p.48】

　AEDには音声ガイダンスがあり、これに従い操作することが基本であ

る。

問題7：（4）　　　　　　　　　　　　　　　　　　　【参照 p.52】

　脳振盪は軽いケガと認識されてきた経緯がある。しかし、脳振盪を繰り返したアスリートが歳をとってから認知症などの症状を呈するケースが報告されるようになっており、決して軽視すべきケガではない。選択肢（1）のように、意識がはっきりしていても、脳振盪を起こしているケースはよく見られる。脳振盪を起こした選手は、すぐにプレーを中止し、その復帰の判断は慎重に行う必要がある。

問題8：（1）　　　　　　　　　　　　　　　　　　【参照 p.68-69】

　肩関節脱臼が生じた場合、まず整復が必要である。整復された後は、一定期間の固定の後、アスリハを行う。しかし、脱臼すると関節唇などの構造が損傷するため、再度脱臼を繰り返すことがある。競技種目や競技レベルを考慮して、手術治療をするかどうかの判断が行われる。

問題9：（3）　　　　　　　　　　　　　　　　　　【参照 p.92-93】

　成長期では脛骨近位部の骨端線がまだ成熟しておらず、選択肢（3）の部位に痛みを生じるものをオスグッド病と呼ぶ。

問題10：（2）　　　　　　　　　　　　　　　　　　【参照 p.98-99】

　アキレス腱断裂の受傷時には、その衝撃のために後ろからアキレス腱を蹴られた、と感じることがある。実際、打撲によって断裂するわけではなく、アキレス腱とつながっている下腿三頭筋の急激な収縮によって断裂が起こる。また、痛みはあるが、足をついて歩行が可能な場合もある。アキレス腱断裂を疑った場合、RICE 処置を行い、医療機関で正しい診断を受ける必要がある。

問題11：（3）　　　　　　　　　　　　　　　　　　【参照 p.111】

　アスリハは、痛み・炎症・組織の治癒過程を考慮して行われる。復帰を焦

り、無理なケアやトレーニングをするとケガの自然な回復を妨げ、パフォーマンス向上やスポーツ復帰を結果的に遅らせてしまうため十分に注意が必要である。

問題12：（1）　　　　　　　　　【参照 p.114-117,122,123,127】

体幹の強化として、スタビライゼーションエクササイズがよく用いられる。（1）は代表的なエクササイズとして用いられ、四つ這い姿勢で右上肢と左下肢を挙上している。不安定な姿勢で体幹を直線に保つことで体幹の強化になる。（2）は右側の上腕三頭筋のストレッチ、（3）は敏捷性向上を目的としたラダートレーニング、（4）は右ハムストリングのストレッチである。

問題13：（1）　　　　　　　　　　　　　【参照 p.131】

正しいスクワット姿勢には、横や正面から見て良好なアライメント（骨や関節の配列）となっていることが重要である。横からみた時のポイントは、下肢の3つの関節（股関節、膝関節、足関節）がバランスよく曲がっていることや、体幹が過度に反ったり曲がったりしていないことである。（2）は股関節が曲がっておらず重心が後方になっている。（3）は膝と足関節が曲がっておらず体幹を前傾しすぎている。（4）は膝を前に出し過ぎて腰を反りすぎている。

問題14：（2）　　　　　　　　　　　　　【参照 p.167】

女性アスリートの三主徴とは、利用可能エネルギー不足、無月経、骨粗鬆症のことである。運動量に見合った食事量が摂取出来ていない利用可能エネルギー不足の状態が続くと、脳からのホルモン分泌が低下し無月経となる。無月経になると卵巣から分泌される女性ホルモン（エストロゲン）が低下する。この低エストロゲン状態や利用可能エネルギー不足による低体重や低栄養は、骨量低下や骨粗鬆症の原因となる。

問題15：（4）　　　　　　　　　　　　　　　【参照 p.178】

乾球温度で31℃を超える場合、熱中症を厳重に警戒する必要がある。熱中症とは、暑さで生じる障害の総称であり、頭痛、めまい、吐き気などが生じる。体温が40℃を超えた場合のみを指すわけではない。熱射病は体温が40℃を超え、脳機能に異常を来す重症であり、生命の危険がある。暑熱環境下では帽子の着用も勧められる。また、意識障害を伴う場合、救急要請が必要である。

問題16：（2）　　　　　　　　　　　　　　　【参照 p.53】

急性硬膜下血腫では、脳と硬膜の間をつなぐ血管が損傷し、硬膜の下に生じた血腫が脳を圧迫する。一般的な急性硬膜下血腫は、受傷後から意識障害があるのに対して、スポーツによる急性硬膜下血腫は、意識障害が出にくいことがあり、最初は意識があっても、数分〜10分程度で意識状態が悪化することもある。

早急に血腫を除去する手術を行う必要がある病態であり、手術までの時間が短ければ短いほど救命の可能性が高いため、これを疑った場合は迅速に救急要請を行う必要がある。急性硬膜下血腫は死亡事故や重篤な後遺症を残すスポーツ頭部外傷の中では最も頻度が高いケガであり、頭部外傷に遭遇した際は、これを念頭に入れておく必要がある。

今回のケースでは、熱中症や脳振盪の可能性も否定はできないが、いずれにせよ意識消失がある場合は救急要請が必要となる。心臓震盪は頭部ではなく、胸部に衝撃が加わることで致死的な不整脈が生じるものである。

問題17：（3）　　　　　　　　　　　　　　　【参照 p.178】

風邪を引いていたりして体調不良がある際は、体温調整能力が低下して熱中症を起こしやすくなる。意識障害を認めた場合は、生命の危険がある熱射病を疑い、すぐに救急要請し、全身を冷却する必要がある。

2級 練習問題・解答と解説 ·····················

問題1：（4） 【参照 p.19】

Physical education は体育のことであり、スポーツという言葉の起源ではない。スポーツインテグリティを脅かすものとして、ハラスメントやガバナンスの欠如がある。近代オリンピックはフランスのクーベルタンにより提唱され、開催された。

問題2：（2） 【参照 p.28】

心臓には右心房・右心室・左心房・左心室と呼ばれる4つの部屋があり、血液は、全身の組織→右心房→右心室→肺→左心房→左心室→全身の組織、という順番で循環している。

問題3：（2） 【参照 p.33,102】

脛骨、腓骨、距骨で構成される関節のことを足関節（距腿関節）と呼ぶ。三角骨は、足関節を底屈する（地面を蹴る動き）時に、足関節後方の痛みを生じる原因となる。痛みを生じる三角骨を有痛性三角骨と呼ぶ。

問題4：（1） 【参照 p.41】

腸腰筋は腸骨筋と大腰筋・小腰筋の総称であり、動作中に股関節の屈曲（曲げる）運動や安定性に関わっている。大殿筋は股関節を進展（後方に反らす）運動で主に働き、中殿筋は股関節を外転（外側に開く）運動で主に働く。いずれの筋も片脚立位や歩行で腰椎や、股関節を安定させるために重要である。

問題5：（3） 【参照 p.48】

死戦期呼吸はしゃくりあげるような異常な呼吸で、正常に吸排気ができていない状態であり、心肺蘇生が必要である。呼吸の有無は胸部と腹部の動きを目視することで確認する。一般の人が心肺蘇生を行うとき、気道確保や人工呼吸は必ずしも要さないが、胸骨圧迫は必須である。

問題6：（4）　　　　　　　　　　　　　　　　　　　　【参照 p.52】

　脳振盪の段階的競技復帰プロトコールは以下の通り。競技や年齢によって、段階的復帰プロトコールを開始するまでの安静期間が異なるため、受傷後に症状が消失したからといって、全選手ですぐにこのプロトコールが開始されるということではない。脳振盪についての対応は近年急速に整備されつつあり、最新の情報を知っておくことが重要である。

① 活動なし（完全に休む）
② 軽い有酸素運動（ウォーキングなど）
③ スポーツに関連した運動（ランニングなど）
④ 接触プレーのない運動・訓練
⑤ メディカルチェック後に接触プレーを許可
⑥ 競技復帰

問題7：（2）　　　　　　　　　　　　　　　　　　　　【参照 p.64】

　肩関節に負担が加わる投球動作を繰り返すと、成長期の選手（リトルリーガー）では力学的に脆弱な骨端線が損傷することがある。（1）は上腕骨の骨幹部、（3）は三角筋、（4）は棘上筋である。

問題8：（2）　　　　　　　　　　　　　　　　　　　　【参照 p.80】

　槌指（マレットフィンガー）とは、DIP 関節を伸展させる腱付着部の損傷（剥離骨折）のことであり、放置すると DIP 関節が伸展できなくなる外傷である。

問題9：（3）　　　　　　　　　　　　　　　　　　　【参照 p.86-87】

　半月板損傷は、着地動作時に膝を捻るなどの1回の強い外力で発生する場合と、繰り返しの負荷により徐々に進行する場合がある。痛みや引っかかり感が続く場合や、ロッキング（損傷した半月板が関節の隙間に挟みこまれてしまう）している場合には、縫合や切除などの手術治療が選択される。前十字靭帯損傷に合併して損傷することも多く見られる。

問題10：（4）   【参照 p.107】

　サッカー選手で頻度が高い、第5中足骨近位部の骨折をジョーンズ骨折と呼ぶ。陸上などランニングが多い競技では、第2や第3中足骨の中央部に疲労骨折が起こることがある。

問題11：（4）   【参照 p.110-111】

　再発予防と競技復帰に向けたアジリティや競技動作のトレーニングは、組織修復が完了した段階で開始する。必要に応じてテーピングや装具が使用される。テーピングで固定したとしても、組織の修復が不十分な時期に無理なトレーニングを行うと自然な治癒が阻害され、症状が長引くことがあるため注意が必要である。

問題12：（3）   【参照 p.122-123】

　伸展型腰痛の主な原因として、腰椎が過度に前弯（伸展）した姿勢が挙げられる。この不良姿勢を修正するためには、スタビライゼーショントレーニングや腹筋群トレーニングが推奨される。（3）の背筋群の強化を主目的としたトレーニングは腰椎の前弯を助長するため、姿勢修正のためのトレーニングとしては適切ではない。

問題13：（3）   【参照 p.132-133】

　肩のインナーマッスルは腱板とよばれる棘上筋、棘下筋、小円筋、肩甲下筋からなる。これらの筋は肩甲骨に対して上腕骨を安定させた状態で動かす働きがある。棘上筋は外転（上腕を外に挙上する）、棘下筋と小円筋は外旋（上腕を外へ開く）、肩甲下筋は内旋（上腕を内へ閉じる）の運動で主に働く。チューブやバンドなど軽い抵抗をかけて動かすことで腱板が強化される。（4）は主に広背筋や僧帽筋の強化を目的としたトレーニングである。

問題14：（4）   【参照 p.162-165】

　五大栄養素には糖質・タンパク質・脂質・ビタミン・ミネラルが含まれる。エネルギーの消費量は、男性と女性とほぼ同じである。試合当日は糖質

を十分に摂取し脂質は控えることが望ましい。

問題15：（1）　　　　　　　　　　　　　　　　**【参照 p.166-167】**

　女性アスリートでは、過度なスポーツが無月経の原因となることがあり、月経が3か月以上停止した状態を運動性無月経と呼ぶ。その結果、骨量が減少し疲労骨折を起こしやすくなる。瞬発力は女性より男性の方が高い値を示す。女性の第二次性徴に関するホルモンはエストロゲンである。

問題16：（1）、（3）　　　　　　　　　　　　　　**【参照 p.48】**

　AED が到着したら電源を入れ、音声ガイダンスに従い操作します。電極パッドを装着し、心電図解析を行う。解析の結果、ショックが必要な場合は、胸骨圧迫をいったん休止し、誰も傷病者に触れていないことを確認してからショックボタンを押す。AED 使用開始後は、AED の音声に従い、パッドは装着したまま、救急隊に引き継ぐまで胸骨圧迫を継続する。

問題17：（2）　　　　　　　　　　　　　　　　**【参照 p.98-99】**

　アキレス腱の手術後はギプスや装具で足関節を固定し、患部外のトレーニングを中心に行う。術後1ヶ月前後でギプスや装具が外れたら、アキレス腱への負担を考慮して平地での歩行から慎重に行う。片脚でのつま先立ちができるようになれば、ランニングが許可される。競技復帰には通常半年以上かかる。

索引

参考文献

『復帰を目指すスポーツ整形外科』
宗田大 編 . メジカルビュー社 , 2011.

『スポーツ医学研修ハンドブック　基礎科目』
日本体育協会指導者育成専門委員会スポーツドクター部会 監修 . 第 2 版 , 文光堂 ,
2011.

『スポーツ医学研修ハンドブック　応用科目』
日本体育協会指導者育成専門委員会スポーツドクター部会 監修 . 第 2 版 , 文光堂 ,
2012.

『スポーツ整形外科マニュアル』
福林徹 監修 , 篠塚昌述 編 . 新版 , 中外医学社 , 2013.

『スポーツ外傷・障害の理学診断・理学療法ガイド』
臨床スポーツ医学編集委員会 . 第 2 版 , 文光堂 , 2015.

『JOA オリンピック小事典』
日本オリンピック・アカデミー 編著 . メディア・パル , 2016.

『ナショナルチームドクター・トレーナーが書いた種目別スポーツ障害の診療』
林光俊 , 岩崎由純 編 . 改訂第 2 版 , 南江堂 , 2014.

『ストレングストレーニング & コンディショニング ― NSCA 決定版』
Thomas R. Baechle; Roger W. Earle. 第 3 版 , ブックハウス・エイチディ ,
2010.

『ビジュアル実践リハ 整形外科リハビリテーション ～カラー写真でわかる
リハの根拠と手技のコツ』
神野哲也 監修 , 相澤純也 , 中丸宏二 編 . 羊土社 , 2012.

『スポーツリハビリテーション ―最新の理論と実践』
グレゴリー・S. コルト 編 .　西村書店 , 2006.

『スポーツ文化論』
相原正道 , 谷塚哲 著 . 晃洋書房 , 2019.

『理論と実践　スポーツ栄養学』
鈴木志保子著 . 日本文芸社 , 2018.

執筆者紹介 (氏名順)

相澤純也 （順天堂大学）

今井宗典 （横浜市立大学）

遠藤　敦 （株式会社アトラク）

大関信武 （東京医科歯科大学）

大森　俊 （産業医科大学）

喜多みのり（管理栄養士）

北澤友美 （関東学院大学）

佐藤正裕 （八王子スポーツ整形外科）

千賀佳幸 （三重大学）

高森草平 （横浜南共済病院）

本田英三郎（関東労災病院）

松村健一 （多根総合病院）

一般社団法人日本スポーツ医学検定機構・編著

安全なスポーツ環境の構築を目的として、2015年12月設立。第１回スポーツ医学検定（スポ医検）を2017年５月14日（日）に開催。
スポーツ医学の専門家のみでなく、多くのアスリートや指導者の賛同を得た取り組みとなっている。
（URL: https://www.spomed.or.jp/）

大関信武・著

1976年生まれ。兵庫県川西市出身。滋賀医科大学医学部医学科卒業。横浜市立大学大学院修了 (医学博士)。東京医科歯科大学再生医療研究センター講師。日本スポーツ協会公認スポーツドクター。日本整形外科学会認定スポーツ医。一般社団法人日本スポーツ医学検定機構代表理事。

相澤純也・著

1977年生まれ。北海道北斗市出身。東京都立医療技術短期大学卒業。東京医科歯科大学大学院修了（医学博士）。順天堂大学先任准教授。東京都立大学大学院客員准教授。東京医科歯科大学大学院非常勤講師。専門理学療法士（運動器）、NSCA-CSCS。一般社団法人日本スポーツ医学検定機構理事。

『スポーツ医学検定 公式過去問題集 2級・3級』

スポーツ医学検定試験 2級・3級の過去問題を領域ごとに整理し収録しています。373問をわかりやすい解説とともに掲載。問題を解きながらスポーツ医学の基礎知識が学べます。本書との併用でスポーツ医学検定試験の対策に最適です。

初版　2020年6月発行
定価（本体2,000円＋税）
A5判　240頁

『スポーツ医学検定公式テキスト 1級』

スポーツ医学の基本的知識があることを前提に、専門的内容を含めて解説しています。スポーツ医学を体系的に学ぶのに最適の一冊です。

初版　2019年1月発行
定価（本体2,700円＋税）
A5判　252頁

受検に関する最新情報は、以下の公式ホームページをご確認下さい。
■スポーツ医学検定公式ホームページ
https://spomed.or.jp

スポーツ医学検定
公式テキスト
2級・3級　改訂版

2017（平成29）年 1 月31日　初版第 1 刷発行
2020（令和 2 ）年 6 月30日　改訂版第 1 刷発行
2024（令和 6 ）年 3 月31日　改訂版第 5 刷発行

著　者：一般社団法人 日本スポーツ医学検定機構
発行者：錦織 圭之介
発行所：株式会社 東洋館出版社
　　　　〒101-0054　東京都千代田区神田錦町 2 丁目 9 番 1 号
　　　　　　　　　　コンフォール安田ビル 2 階
　　　　代　表　電話 03-6778-4343 ／ FAX 03-5281-8091
　　　　営業部　電話 03-6778-7278 ／ FAX 03-5281-8092
　　　　振　替　00180-7-96823
　　　　ＵＲＬ　https://www.toyokan.co.jp

装　　丁：水戸部功
本文デザイン：宮澤新一（藤原印刷株式会社）
解剖イラスト：長沼　翔
本文イラスト：Nobu
カバー写真：アフロ
　　　　　　（右下：渡辺正和／アフロ）
印刷・製本：藤原印刷株式会社

ISBN 978-4-491-04119-3
Printed in Japan